매일 영어 습관의 기적!

나의 하루 1줄
영어 쓰기 수첩

☑ 고급문장 100

나의 하루 한줄 영어 쓰기 수첩 [고급문장 100]

초판6쇄발행일	2024년 8월 30일(인쇄 2024년 6월 27일)
초판발행일	2018년 5월 10일(인쇄 2018년 4월 20일)

발 행 인	박영일
책임편집	이해욱

지 은 이	SD어학연구소
편집진행	SD어학연구소
표지디자인	조혜령
본문디자인	하한우 · 임아람

공 급 처	(주)시대고시기획
발 행 처	시대인
출판등록	제 10-1521 호
주 소	서울시 마포구 큰우물로 75 [도화동 538 성지B/D] 9F
전 화	1600-3600
팩 스	02-701-8823
홈페이지	www.sdedu.co.kr

I S B N	979-11-254-4586-9 (14740)
가 격	12,000원

※ 저자와의 협의에 의해 인지를 생략합니다.
※ 이 책은 저작권법에 의해 보호를 받는 저작물이므로 동영상 제작 및 무단전재와 복제를 금합니다.
※ 잘못된 책은 구입하신 서점에서 바꾸어 드립니다

매일 영어 습관의 기적!

나의 하루 1줄
영어 쓰기 수첩

✓ 고급문장 100

매일 한 줄 쓰기의 힘

여러분,
한꺼번에 수십 개의 단어와 문장을 외웠다가
나중에 몽땅 까먹고 다시 공부하는
악순환을 반복하고 싶으신가요?

아니면 하루 1문장씩이라도
확실히 익히고, 직접 반복해서 써보며
온전한 내 것으로 만들어
까먹지 않고 제대로 써먹고 싶으신가요?

영어 '공부'하지 말고
영어 '습관'을 들이세요.

많은 사람들이 영어를 공부할 때, 자신이 마치 내용을 한 번 입력하기만 하면
죽을 때까지 그걸 기억할 수 있는 기계인 것마냥 문법 지식과 단어를
머릿속에 최대한 많이 넣으려고 하는 경향이 있습니다.
하지만 이 공부법의 문제는? 바로 우리는 기계가 아닌 '인간'이기 때문에
한꺼번에 많은 내용을 머릿속에 우겨 넣어 봐야 그때 그 순간만 기억할 뿐
시간이 지나면 거의 다 '까먹는다는 것'입니다.

'한꺼번에 많이'보다
'매일매일 꾸준히' 하세요.

까먹지 않고 내 머릿속에 오래도록 각인을 시키려면,
우리의 뇌가 소화할 수 있는 만큼만 공부해 이를 최대한 '반복'해야 합니다.
한 번에 여러 문장을 외웠다 며칠 지나 다 까먹는 악순환을 벗어나,
한 번에 한 문장씩 여러 번 반복하고 직접 써보는 노력을 통해
영어를 진짜 내 것으로 만드는 것이 제대로 된 방법입니다.

어느새 영어는
'나의 일부'가 됐었을 겁니다.

자, 이제 과도한 욕심으로 작심삼일로 끝나는 영어 공부 패턴을 벗어나,
진짜 제대로 된 방법으로 영어를 공부해 보는 건 어떨까요?

쓰기 수첩 활용법

DAY 025 ___월 ___일

As you know, I'm not very good at sports.

너도 알다시피, 난 스포츠에 그리 능하지 못해.

① as + 문장 = ~하다시피 ('~인 것과 같이'라는 의미)
As you know = 너도 알다시피 = 너도 알고 있는 것과 같이
I'm not very good at ~. = 난 ~에 그리 능하지 못해.

② 'as you know'는 '너도 알다시피'란 표현으로 통째로 암기해 두세요.

1

짬짬이 반복해서 써보기 (한 번씩 쓸 때마다 박스에 체크 표시!)
☐ ①
☐ ②
☐ ③
☐ ④

2

자기 전 응용해서 써보기

※ 이번엔 'as I said(내가 말했다시피)'를 활용해 영작해 보세요.

① 내가 말했다시피, 난 그거에 대해 아는 게 없어. [know = 알다]
   →
② 내가 말했다시피, 이건 시간과 돈 낭비야. [a waste of ~ = ~의 낭비]
   →

① As I said, I don't know anything about that.
② As I said, it's a waste of time and money.

3

1 하루 1문장씩
제대로 머릿속에 **각인시키기**

외국인들이 가장 기본적으로 쓰는 문장을 하루 1개씩, 총 100개 문장을 차근차근 익혀나가도록 합니다. 각 문장 1개를 통해 필수 문장 구조(문법) 1개와 함께 이에 따른 어휘 2~3개를 함께 익힐 수 있습니다.

2 하루 중 짬짬이
문장 1개 **반복**해서 **써보기**

등하교, 출퇴근, 점심 식사 후, 쉬는 시간 등등 하루 중 짬이 날 때마다 그날 배운 문장을 수첩에 반복해서 써보도록 합니다. 틈틈이 반복해서 쓰다 보면 어느새 영어 문장이 자연스럽게 머릿속에 각인이 되어 있을 것입니다.

3 잠자리에 들기 전
응용해서 다른 문장 **써보기**

잠자리에 들기 전, 그날 써봤던 문장 구조에 다른 어휘들을 집어넣어 '응용 문장 2개' 정도를 더 써보도록 합니다. 이렇게 함으로써 그날 배운 영어 문장 구조는 완벽한 내 것이 될 수 있습니다.

4 매일매일 쓰기를 확실히 끝냈는지 스스로 체크하기

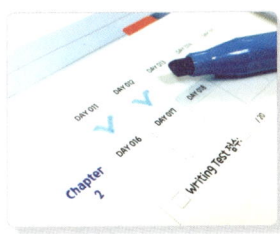

영어 공부가 작심삼일이 되는 가장 큰 이유 중 하나는 바로 스스로를 엄격히 체크하지 않아서입니다. 매일 1문장씩 쓰기 훈련을 끝마친 후엔, 일지에 학습 완료 체크 표시를 하며 쓰기 습관이 느슨해지지 않도록 합니다.

5 '기초-중급-고급'의 단계별 영어 쓰기 훈련

나의 하루 한줄 영어 쓰기 수첩은 '기초-중급-고급'편으로 구성되어 있습니다. 단계별 세부적인 내용은 아래와 같습니다.

기초문장 100	이름/직책, 기분/상태, 장소/상황, 과거/현재/미래, 소망/의무/능력 등을 영어로 말하는 방법을 배웁니다.
중급문장 100	생각/의견, 현재의 결과, 해왔던 일, 경험, 상황의 가정, 질문 던지기 등을 영어로 말하는 방법을 배웁니다.
고급문장 100	기초 및 중급을 기반으로 문장에 살을 붙여 좀 더 길고 풍성한 문장을 영어로 말하는 방법을 배웁니다.

쓰기 수첩 목차

✓ Warm Up
시작 전 가볍게 몸풀기 018p

✓ Chapter 01   '때'를 덧붙여 말해보기
Day 001~010 .... 036~045p
Writing Test 046p

✓ Chapter 02   '상황'을 덧붙여 말해보기
Day 011~020 .... 050~059p
Writing Test 060p

✓ Chapter 03   'as'로 말꼬리 늘려보기
Day 021~030 .... 064~073
Writing Test 074p

✓ Chapter 04   문장 2개 연결해서 말해보기
Day 031~040 .... 078~087p
Writing Test 088p

✓ Chapter 05   간결하게 압축해서 말해보기
Day 041~050 .... 092~101p
Writing Test 102p

✓ **Chapter 06**　　원인, 결과, 목적 말해보기

　　Day 051~060　　　　　　　　　　　　　　　　106~115p
　　Writing Test　　　　　　　　　　　　　　　　　116p

✓ **Chapter 07**　　간접 질문 & 남의 말 전달하기

　　Day 061~070　　　　　　　　　　　　　　　　120~129p
　　Writing Test　　　　　　　　　　　　　　　　　130p

✓ **Chapter 08**　　상대적으로 비교하며 말해보기

　　Day 071~080　　　　　　　　　　　　　　　　134~143p
　　Writing Test　　　　　　　　　　　　　　　　　144p

✓ **Chapter 09**　　강약을 살려 말해보기

　　Day 081~090　　　　　　　　　　　　　　　　148~157p
　　Writing Test　　　　　　　　　　　　　　　　　158p

✓ **Chapter 10**　　정중하게 말해보기

　　Day 091~100　　　　　　　　　　　　　　　　162~171p
　　Writing Test　　　　　　　　　　　　　　　　　172p

✓ **100 Sentences**

　　고급문장 100 모음　　　　　　　　　　　　　　176p

나의 쓰기 체크일지

본격적인 '하루 한 줄 영어 쓰기' 학습을 시작하기에 앞서, 수첩을 활용하여 공부를 진행하는 방법 및 '나의 쓰기 체크 일지' 활용 방법을 안내해 드리도록 하겠습니다. 꼭! 읽고 학습을 진행하시기 바랍니다.

 공부 방법

① 'DAY 1'마다 영어 문장을 하나씩 학습하게 됩니다.
   (ex) 'I'm bored to death. (나 지루해 죽겠어.)'라는 문장 학습

② 한 문장을 하루 4번씩 써보며 머릿속에 각인시킵니다.
   (ex) 'I'm bored to death.'를 4번씩 써보기

③ 배운 문장 구조를 응용하여 다른 문장을 영작해 봅니다.
   (ex) I'm starving to death. (나 배고파 죽겠어.)

④ 또한 챕터 하나가 끝날 때마다 영작 테스트(Writing test)를 치러보며 자신의 영어 실력을 점검해 봅니다.

⑤ 이 같이 학습을 진행해 나가면서, '나의 쓰기 체크 일지'에 학습을 제대로 완료했는지 체크(V) 표시를 하도록 합니다.

	DAY 001	DAY 002	DAY 003	DAY 004	DAY 005
Chapter 1	✓				
	DAY 006	DAY 007	DAY 008	DAY 009	DAY 010

☐ Writing Test 점수:　　　／ 20

Chapter 2	DAY 011	DAY 012	DAY 013	DAY 014	DAY 015
	DAY 016	DAY 017	DAY 018	DAY 019	DAY 020

☐ Writing Test 점수: _____ / 20

Chapter 3	DAY 021	DAY 022	DAY 023	DAY 024	DAY 025
	DAY 026	DAY 027	DAY 028	DAY 029	DAY 030

☐ Writing Test 점수: _____ / 20

Chapter 4	DAY 031	DAY 032	DAY 033	DAY 034	DAY 035
	DAY 036	DAY 037	DAY 038	DAY 039	DAY 040

☐ Writing Test 점수: _____ / 20

	DAY 041	DAY 042	DAY 043	DAY 044	DAY 045
Chapter 5	DAY 046	DAY 047	DAY 048	DAY 049	DAY 050

☐ Writing Test 점수: _____ / 20

	DAY 051	DAY 052	DAY 053	DAY 054	DAY 055
Chapter 6	DAY 056	DAY 057	DAY 058	DAY 059	DAY 060

☐ Writing Test 점수: _____ / 20

	DAY 061	DAY 062	DAY 063	DAY 064	DAY 065
Chapter 7	DAY 066	DAY 067	DAY 068	DAY 069	DAY 070

☐ Writing Test 점수: _____ / 20

Chapter 8

DAY 071	DAY 072	DAY 073	DAY 074	DAY 075
DAY 076	DAY 077	DAY 078	DAY 079	DAY 080

☐ Writing Test 점수: _____ / 20

Chapter 9

DAY 081	DAY 082	DAY 083	DAY 084	DAY 085
DAY 086	DAY 087	DAY 088	DAY 089	DAY 090

☐ Writing Test 점수: _____ / 20

Chapter 10

DAY 091	DAY 092	DAY 093	DAY 094	DAY 095
DAY 096	DAY 097	DAY 098	DAY 099	DAY 100

☐ Writing Test 점수: _____ / 20

나의 다짐

다짐합니다.

나는 "나의 하루 한 줄 영어 쓰기 수첩"을

언제 어디서나 휴대하고 다니며

하루 한 문장씩 꾸준히 포기하지 않고

열심히 쓸 것을 다짐합니다.

만약 하루에 한 문장씩 쓰기로 다짐한

이 간단한 약속조차 지키지 못해

다시금 작심삼일이 될 경우,

이는 내 자신의 의지가 이 작은 것도 못 해내는

부끄러운 사람이란 것을 입증하는 것임을 알고,

따라서 내 스스로에게 부끄럽지 않도록

이 쓰기 수첩을 끝까지 쓸 것을

내 자신에게 굳건히 다짐합니다.

_____년 _____월 _____일

이름: _____

WARM UP

'고급문장 100'개 쓰기 연습을 시작하기 전,
'중급 수준의 문장'을 제대로 알고 있는지 확인하고 넘어갑시다.

① There is ~. = ~가 있어.

② It is ~ to V. = ~하는 건 ~해.

③ I think ~. = 난 ~라고 생각해.

④ I have p.p. (1) = 난 (현재 결과적으로) ~했어.

⑤ I have p.p. (2) = 난 ~해왔어.

⑥ It is p.p. = 이건 ~되었어.

⑦ If I ~, I ~. = 내가 ~하면, 나 ~할 거야.

⑧ Are you ~? = 넌 ~야/해?

⑨ Who, When, Where, Why = 누가, 언제, 어디서, 왜

⑩ What, How = 무엇을, 어떻게

⑪ Past & P.P. = 동사의 "과거형 & 과거분사형"

❶ There is ~.

~가 있어.

'There is/are ~.'은 어떠한 사물이나 사람이 '있다'고 할 때, 혹은 추상적인 문제점이나 방법 등이 '있다'고 할 때 쓰는 표현입니다.

① 'There is/are ~.'라고 얘기할 때

　　ex) There is a big difference between us.
　　　　= 우리 사이엔 큰 차이가 있어.

② 'There will be ~.'라고 얘기할 때

　　ex) There will be no extra charge for this.
　　　　= 이에 대한 추가 요금은 없을 것입니다.

③ 'There could be ~.'라고 얘기할 때

　　ex) There could be several reasons for this.
　　　　= 여기엔 몇 가지 이유가 있을 수 있어요.

④ 'There must be ~.'라고 얘기할 때

　　ex) There must be another way to handle this.
　　　　= 이를 다룰 수 있는 다른 방법이 분명 있을 거예요.

It is ~ to V.
~하는 건 ~해.

'It is 형용사 to 동사.'는 '~(동사)하는 것은 ~(형용사)해.'라는 뜻의 표현이며, 이는 영어에서 매우 폭넓게 쓰이는 문형이니 중요합니다.

① 'It is 형용사 to V.'라고 얘기할 때

   ex) It is important to learn foreign languages.

   = 외국어를 배우는 것은 중요합니다.

② 'It is 형용사 for 사람 to V.'라고 얘기할 때

   ex) It is important for me to know the truth.

   = 제게 있어 진실을 아는 것은 중요합니다.

③ 'It is (not) a good idea to V.'라고 얘기할 때

   ex) It is not a good idea to go out alone at night.

   = 밤에 혼자 나가는 건 좋은 생각이 아니야.

④ 'It is obvious that ~.'라고 얘기할 때

   ex) It is obvious that he is lying.

   = 걔 거짓말 하고 있는 게 확실해/분명해.

③ I think ~.

난 ~라고 생각해.

'I think ~. / I heard ~. / I know ~.' 등의 문형들은 내가 어떻게 생각하고, 무엇을 듣고 알고 있는지를 표현할 때 쓸 수 있습니다.

① 'I think ~.'라고 얘기할 때

   ex) I think it is important to plan ahead.

      = 난 사전에 계획하는 게 중요하다고 생각해.

② 'I'm sure ~.'라고 얘기할 때

   ex) I'm sure there will be another chance.

      = 난 또 다른 기회가 있을 거라고 확신해.

③ 'I heard ~.'라고 얘기할 때

   ex) I heard you wanted to see me.

      = 네가 날 만나고 싶어 한다고 들었어.

④ 'I know ~.'라고 얘기할 때

   ex) I know it is difficult for you to understand.

      = 네가 이해하기 어렵다는 거 알아.

I have p.p. (1)

난 (현재 결과적으로) ~했어.

'have p.p.'라는 문형은 과거에 어떤 일을 했고, 그 결과 '현재' 어떠한 상태인지를 말할 때 쓰는 '현재 시점'의 표현입니다.

① 'have p.p.'로 얘기할 때

    ex) I've lost my wallet. = 나 지갑 잃어버렸어.

    I've got a new job. = 나 새 직장을 얻었어.

② 'have just p.p.'로 얘기할 때

    ex) I've just arrived here. = 나 여기 막 도착했어.

    I've just finished my homework. = 나 숙제를 막 끝냈어.

③ 'have already p.p.'로 얘기할 때

    ex) I've already had dinner. = 나 이미 저녁 먹었어.

    I've already met him. = 나 이미 그 사람 만났어.

④ 'haven't p.p. yet / still haven't p.p.'로 얘기할 때

    ex) I haven't decided yet. = 난 아직 결정 못했어.

    I still haven't found a job. = 나 아직도 일자리 못 구했어.

I have p.p. (2)
난 ~해왔어.

'have p.p.'는 또한 과거부터 현재까지 쭉 해오던 일을 말할 때 쓰는 표현이기도 합니다. 'for 기간(~ 동안)'이라는 표현과 잘 쓰입니다.

① 'have p.p. for ~'로 얘기할 때

　　ex) I've waited for a long time. = 나 오랫동안 기다렸어.

　　　 I've lived here for eight years. = 난 여기 8년간 살았어.

② 'have p.p. since ~'로 얘기할 때

　　ex) I've known him since he was a little kid.

　　　 = 난 걔가 작은 꼬마일 때부터 걔를 알고 있어.

③ 'have been V-ing'로 얘기할 때

　　ex) I've been working here for eleven years.

　　　 = 나 11년 동안 여기서 일하고 있어.

④ 'had never p.p.'로 얘기할 때

　　ex) I'd never seen him. = 나 (그 당시) 걜 본 적 없었었어.

　　　 I'd never done it. = 나 (그 당시) 이걸 해본 적 없었었어.

❻ It is p.p.

이건 ~되었어.

어떤 대상, 혹은 사람이 '~라는 행위를 당하다, ~하게 되다'라고 말할 때엔 'be 동사 + p.p.'라는 문형을 써서 말합니다.

① 'be p.p.'로 얘기할 때

　ex) This house was built twenty five years ago.

　　= 이 집은 25년 전에 지어졌어.

② 'be being p.p.'로 얘기할 때

　ex) The food is being prepared in the kitchen.

　　= 주방에서 음식이 준비되고 있습니다.

③ 'have/has been p.p.'로 얘기할 때

　ex) The concert has been cancelled. = 콘서트가 취소됐어요.

　　The problem has been solved. = 문제가 해결됐어요.

④ '사람 is/was p.p.'라고 얘기할 때

　ex) I'm paid $35,000 a year. = 난 연간 35,000달러 받아.

　　I was offered the job. = 나 그 일자리를 제안 받았어.

⑦ If I ~, I ~.

내가 ~하면, 난 ~할 거야.

'If I ~, I ~.'라는 문형은 어떠한 상황을 가정하여 '만약 그런 상황이라면 ~할 것이다.'라고 말할 때에 쓰는 표현입니다.

① 'If I V, I'll V.'라고 얘기할 때

    ex) If I see him, I'll let you know. = 걔 보면, 네게 알려줄게.

    If I find it, I'll tell you. = 그걸 찾으면, 네게 말해줄게.

② 'if I 과거 동사, I would V.'라고 얘기할 때

    ex) If I won the lottery, I would quit my job.

    = 내가 복권에 당첨된다면, 난 일을 관둘 텐데.

③ 'If I were 누구, I would V.'라고 얘기할 때

    ex) If I were you, I would apologize to him.

    = 내가 너라면, 난 걔한테 사과할 거야.

④ 'I wish I 과거 동사.'라고 얘기할 때

    ex) I wish I knew the answer. = 내가 답을 알고 있다면 좋겠어.

    I wish I could help you. = 내가 널 도울 수 있다면 좋겠어.

⑧ Are you ~?
넌 ~야/해?

'Are you / Do you / Did you / Have you / Will you / Can you ~?'는 상대방이 'Yes/No'로 대답할 수 있는 질문 유형들입니다.

① 'Are you ~?'라고 질문할 때

    ex) Are you ready to order? = 주문할 준비 되셨나요?

        Are you alright? = 너 괜찮아?

② 'Do/Did you ~?'라고 질문할 때

    ex) Do you have time? = 너 시간 있어?

        Did you get my message? = 너 내 메시지 받았어?

③ 'Have you p.p.?'라고 질문할 때

    ex) Have you met him? = 너 그 사람 만나봤어?

        Have you seen it before? = 너 전에 이거 본 적 있어?

④ 'Will/Can you ~?'라고 질문할 때

    ex) Will you help me? = 나 좀 도와줄래?

        Can you come here? = 너 여기 올 수 있어?

⑨ Who, When, Where, Why
누가, 언제, 어디서, 왜

'Yes/No'로 답변하지 않는 질문엔 'Who(누가), When(언제), Where(어디서), Why(왜)'로 시작하는 질문들이 있습니다.

① 'Who/When ~?'라고 질문할 때

ex) Who is the manager? = 누가 지배인인가요?

When is the next flight? = 다음 비행기는 언제인가요?

② 'Where ~?'라고 질문할 때

ex) Where is your office? = 당신 사무실은 어디인가요?

Where do you want to go? = 너 어디 가고 싶어?

③ 'Why ~?'라고 질문할 때

ex) Why do you look so serious? = 너 왜 그렇게 심각해 보여?

Why did you come back? = 너 왜 돌아왔어?

④ 'Why don't ~?'라고 질문할 때

ex) Why don't you join us for a drink?

= 너 우리랑 같이 술 한잔 하는 거 어때?

What, How
무엇을, 어떻게

'Who(누가), When(언제), Where(어디서), Why(왜)'로 된 질문들에 이어 'What(무엇을), How(어떻게)'로 된 질문도 정리해 봅시다.

① 'What ~?'라고 질문할 때

ex) What is the title of this song? = 이 노래 제목은 뭔가요?

② 'What kind of ~?'라고 질문할 때

ex) What kind of music do you like? = 너 어떤 음악 좋아해?

③ 'How often/long ~?'라고 질문할 때

ex) How often do you exercise? = 넌 얼마나 자주 운동해?

How long have you been working here?

= 넌 여기서 얼마나 오래 일해오고 있는 거야?

④ 'How much/many ~?'라고 질문할 때

ex) How much is it in total? = 이거 총 얼마인가요?

How many years have you worked here?

= 너 몇 년(얼마나 많은 해)이나 여기서 일했어?

Past & P.P.

동사의 "과거형 & 과거분사형"

동사의 과거형 및 과거분사형은 다양한 형태의 영어 문장에 있어 필수적인 요소입니다. 고급문장 100에 등장하는 다양한 동사의 과거형 및 과거분사형을 살펴봅시다.

01. am/is/are = ~이다 (이들을 합쳐 'be 동사'라고 합니다.)

(현재) am/is/are - (과거) was/were - (과거분사) been

02. answer = 답하다, 대답하다

(현재) answer - (과거) answered - (과거분사) answered

03. arrive = 도착하다

(현재) arrive - (과거) arrived - (과거분사) arrived

04. ask = 물어보다, 요청하다

(현재) ask - (과거) asked - (과거분사) asked

05. buy = 사다, 구입하다

(현재) buy - (과거) bought - (과거분사) bought

06. choose = 택하다, 선택하다

(현재) choose - (과거) chose - (과거분사) chosen

07. close = 닫다, 닫히다

(현재) close - (과거) closed - (과거분사) closed

08. delay = 미루다, 연기하다, 지연시키다

(현재) delay - (과거) delayed - (과거분사) delayed

09. enjoy = 즐기다

(현재) enjoy - (과거) enjoyed - (과거분사) enjoyed

10. expect = 예상하다, 기대하다

(현재) expect - (과거) expected - (과거분사) expected

11. fail = 실패하다

(현재) fail - (과거) failed - (과거분사) failed

12. fall = 떨어지다, 넘어지다

(현재) fall - (과거) fell - (과거분사) fallen

13. feel = 느끼다

(현재) feel - (과거) felt - (과거분사) felt

14. find = 찾다, 발견하다, 알아내다

(현재) find - (과거) found - (과거분사) found

15. finish = 끝내다, 마무리하다

(현재) finish - (과거) finished - (과거분사) finished

16. get = 받다, 얻다, 구하다, 타다, 도착하다, ~하게 되다

(현재) get - (과거) got - (과거분사) gotten

17. go = 가다

(현재) go - (과거) went - (과거분사) gone

18. have = 가지다, 소유하다, 먹다

(현재) have - (과거) had - (과거분사) had

19. know = 알다

(현재) know - (과거) knew - (과거분사) known

20. live = 살다

(현재) live - (과거) lived - (과거분사) lived

21. look = 보다, ~로 보이다

(현재) look - (과거) looked - (과거분사) looked

22. lose = 잃어버리다, 잃다, 줄다

(현재) lose - (과거) lost - (과거분사) lost

23. make = 만들다

(현재) make - (과거) made - (과거분사) made

24. meet = 만나다

(현재) meet - (과거) met - (과거분사) met

25. miss = 놓치다, 그리워하다

(현재) miss - (과거) missed - (과거분사) missed

26. need = 필요로 하다, 해야 하다

(현재) need - (과거) needed - (과거분사) needed

27. open = 열다, 열리다, 시작하다

    (현재) open - (과거) opened - (과거분사) opened

28. prepare = 준비하다

    (현재) prepare - (과거) prepared - (과거분사) prepared

29. provide = 제공하다

    (현재) provide - (과거) provided - (과거분사) provided

30. repair = 고치다, 수리하다

    (현재) repair - (과거) repaired - (과거분사) repaired

31. see = 보다, (사람을) 만나다

    (현재) see - (과거) saw - (과거분사) seen

32. sell = 팔다, 팔리다

    (현재) sell - (과거) sold - (과거분사) sold

33. shake = 흔들다, 흔들리다, 떨리다

    (현재) shake - (과거) shook - (과거분사) shaken

34. sleep = (잠을) 자다

   (현재) sleep - (과거) slept - (과거분사) slept

35. spend = (돈을) 쓰다, (시간을) 보내다

   (현재) spend - (과거) spent - (과거분사) spent

36. stay = 머물다, 있다

   (현재) stay - (과거) stayed - (과거분사) stayed

37. talk = 이야기하다, 말하다

   (현재) talk - (과거) talked - (과거분사) talked

38. tell = 알리다, 전하다, 말하다

   (현재) tell - (과거) told - (과거분사) told

39. think = 생각하다

   (현재) think - (과거) thought - (과거분사) thought

40. travel = 이동하다, 여행하다

   (현재) travel - (과거) traveled - (과거분사) traveled

41. use = 이용하다, 사용하다

(현재) use - (과거) used - (과거분사) used

42. vanish = 사라지다, 없어지다

(현재) vanish - (과거) vanished - (과거분사) vanished

43. wait = 기다리다

(현재) wait - (과거) waited - (과거분사) waited

44. walk = 걷다

(현재) walk - (과거) walked - (과거분사) walked

45. want = 원하다

(현재) want - (과거) wanted - (과거분사) wanted

46. wear = 입다, 착용하다

(현재) wear - (과거) wore - (과거분사) worn

47. work = 일하다, 작동되다, 효과가 있다

(현재) work - (과거) worked - (과거분사) worked

CHAPTER 01

'때'를 덧붙여 말해보기

DAY 001	I first met him when I was in high school.
DAY 002	I'll let you know when I've found him.
DAY 003	I don't think I can finish it by Monday.
DAY 004	By the time I arrived, he had already left.
DAY 005	I'll be working until 10 o'clock.
DAY 006	I walked in the park until it got dark.
DAY 007	I fell asleep during the movie.
DAY 008	You had a call from Jim while you were out.
DAY 009	I got to the station just in time.
DAY 010	I'm leaving at the end of this month.

DAY 001 ___월 ___일

> # I first met him when I was in high school.
>
> 내가 고등학교에 다녔을 때 난 걜 처음 만났어.
>
> ① when + 문장 = ~일 때
>
>   when I was in high school = 내가 고등학교에 다녔을 때
>
>   first meet A = A를 처음 만나다(접하다)
>
> ② 어느 '때'에 무슨 일이 있거나 있었는지 말할 땐 'when'을 씁니다.

짬짬이 반복해서 써보기 (한 번씩 쓸 때마다 박스에 체크 표시!)

☐ ①

☐ ②

☐ ③

☐ ④

자기 전 응용해서 써보기

※ 'when + 문장' 형태를 활용하여 영작해 봅시다.

① 난 어렸을 때 부모님을 잃었어. [lose = 잃어버리다, 잃다]

  →

② 내가 집에 도착했을 땐 9시였어. [get home = 집에 도착하다]

  →

> ① I lost my parents when I was young.
>
> ② It was 9 o'clock when I got home.

DAY 002 ___월 ___일

I'll let you know when I've found him.

내가 걜 찾으면 너한테 알려줄게.

① 'when' 부분에 'have/has p.p.'를 넣어 'when + have/has p.p.'라고 하게 되면 '~하면, ~하고 나서'라는 뜻이 됩니다.

② when I've found him = 내가 걜 찾으면(찾고 나서)

let A know = A에게 알려주다

짬짬이 반복해서 써보기 (한 번씩 쓸 때마다 박스에 체크 표시!)

☐ ①

☐ ②

☐ ③

☐ ④

자기 전 응용해서 써보기

※ 'when + have/has p.p.' 형태를 활용하여 영작해 봅시다.

① 내가 일 끝내면 너한테 전화할게. [finish = 끝내다]

→

② 너 결정하게 되면 나한테 알려줘. [decide = 결정하다]

→

① I'll call you when I've finished my work.

② Let me know when you've decided.

DAY 003 ___월 ___일

I don't think I can finish it by Monday.

나 월요일까지 이거 못 끝낼 것 같아.

① by + 시간/요일 = ~까지 (더 정확히는 '~까지 맞춰서')

　by Monday = 월요일까지 (맞춰서)

　finish it by Monday = 월요일까지 (맞춰서) 이것을 끝내다

② 'I don't think I can V.'는 '나 ~하지 못할 것 같아.'라는 뜻의 문형입니다.

짬짬이 반복해서 써보기 (한 번씩 쓸 때마다 박스에 체크 표시!)

☐ ①

☐ ②

☐ ③

☐ ④

자기 전 응용해서 써보기

※ 'by + 시간/요일' 형태를 활용하여 영작해 봅시다.

① 나 내일까지 리포트를 끝마쳐야 해. [report = 리포트]

　→

② 나 10:30까지 공항에 도착해야 해. [airport = 공항]

　→

---

① I have to finish my report by tomorrow.

② I have to be at the airport by 10:30.

DAY 004 ___월 ___일

By the time I arrived, he had already left.

내가 도착했을 무렵, 걘 이미 떠났었어.

① by the time + 문장 = ~일 무렵, ~일 즈음

　by the time I arrived = 내가 도착했을 무렵

② He had already left. = 걘 이미 떠났었어.

　과거보다 더 과거의 일을 말할 땐 'had p.p.'를 써서 말합니다.

짬짬이 반복해서 써보기 (한 번씩 쓸 때마다 박스에 체크 표시!)

☐ ①

☐ ②

☐ ③

☐ ④

자기 전 응용해서 써보기

※ 'by the time + 문장' 형태를 활용하여 영작해 봅시다.

① 우리가 도착했을 무렵, 기차는 이미 떠났었어. [train = 기차]

　→

② 네가 여기 도착할 즈음, 여긴 문 닫을 거야. [be closed = 닫히다]

　→

---

① By the time we arrived, the train had already left.

② By the time you get here, it will be closed.

DAY 005 ___월 ___일

I'll be working until 10 o'clock.

나 10시까지 일하고 있을 거야.

① until + 시간/요일. = ~까지 (더 정확히는 '~까지 쭉')

  until 10 o'clock = 10시까지 (쭉)

  work until 10 o'clock = 10시까지 (쭉) 일하다

② 'I will be V-ing.'는 '난 ~하고 있을 거야.'라는 뜻의 문형입니다.

짬짬이 반복해서 써보기 (한 번씩 쓸 때마다 박스에 체크 표시!)

☐ ①

☐ ②

☐ ③

☐ ④

자기 전 응용해서 써보기

※ 'until + 시간/요일' 형태를 활용하여 영작해 봅시다.

① 나 오늘 8시까지 사무실에 있을 거야. [office = 사무실]

  →

② 나 다음 주까지 여기 머물고 있을 거야. [stay = 머물다]

  →

---

① I'll be in the office until 8 o'clock today.

② I'll be staying here until next week.

DAY 006 ___월 ___일

I walked in the park until it got dark.

난 어두워질 때까지 공원에서 걸었어.

① until + 문장 = ~때까지 ('until' 뒤에는 문장이 와도 됨)

  until it got dark = 어두워질 때까지 (쭉)

  walk in the park = 공원에서 걷다

② 'get dark'는 '(날이) 어두워지다, 저물다'라는 뜻의 표현입니다.

짬짬이 반복해서 써보기 (한 번씩 쓸 때마다 박스에 체크 표시!)

☐ ①

☐ ②

☐ ③

☐ ④

자기 전 응용해서 써보기

※ 'until + 문장' 형태를 활용하여 영작해 봅시다.

① 나 18살 때까지 부산에서 살았어. [live in ~ = ~에 살다]

  →

② 네가 잠들 때까지 나 여기 있을게. [fall asleep = 잠들다]

  →

---

① I lived in Busan until I was eighteen.

② I'll stay here until you fall asleep.

DAY 007 ___월 ___일

I fell asleep during the movie.

나 영화를 보는 동안 잠들었어.

① during + 명사 = ~ 동안

during the movie = 영화 동안 = 영화를 보는 동안

fall asleep during the movie = 영화를 보는 동안 잠들다

② '숫자로 된 기간'을 넣어 '~ 동안'이라고 할 땐 'for'를 씁니다.

짬짬이 반복해서 써보기 (한 번씩 쓸 때마다 박스에 체크 표시!)

☐ ①

☐ ②

☐ ③

☐ ④

자기 전 응용해서 써보기

※ 'during + 명사' 형태를 활용하여 영작해 봅시다.

① 너 주말 동안 뭐했어? [weekend = 주말]

→

② 너 휴가 동안 뭐할 거야? [vacation = 휴가]

→

---

① What did you do during the weekend?

② What are you going to do during the vacation?

DAY 008 ___월 ___일

You had a call from Jim while you were out.

너 나가 있던 동안 Jim한테서 전화 왔었어.

① while + 문장 = ~ 동안

　while you were out = 네가 나가 있던 동안

　have a call from A = A한테서 전화를 받다(전화가 오다)

② 'during' 뒤에는 '명사', 'while' 뒤에는 '문장'이 옴을 기억하세요.

짬짬이 반복해서 써보기　(한 번씩 쓸 때마다 박스에 체크 표시!)

☐ ①

☐ ②

☐ ③

☐ ④

자기 전 응용해서 써보기

※ 'while + 문장' 형태를 활용하여 영작해 봅시다.

① 내가 나가 있던 동안 누가 나한테 전화 했었어? [call = 전화하다]

→

② 나 TV 보는 동안 잠들었었어. [watch TV = TV를 보다]

→

---

① Did anybody call me while I was out?

② I fell asleep while I was watching TV.

DAY 009 ___월 ___일

I got to the station just in time.

나 딱 제시간에 역에 도착했어.

① in time = 시간(time) 안에(in) = 시간 맞춰, 늦지 않게

　just in time = 딱 시간 맞춰 = 딱 제시간에

　get to A just in time = 딱 제시간에 A에 도착하다

② 'just'는 위에서 '딱, 꼭, 정확히'라는 강조의 뜻을 가집니다.

짬짬이 반복해서 써보기 (한 번씩 쓸 때마다 박스에 체크 표시!)

☐ ①

☐ ②

☐ ③

☐ ④

자기 전 응용해서 써보기

※ 'just in time for ~'은 '~에 딱 맞춰'라는 뜻으로 쓸 수 있습니다.

① 나 내가 탈 뉴욕행 비행기에 딱 맞춰 도착했어. [flight = 비행기]

→

② 우린 결혼식에 딱 맞춰 도착했어. [wedding ceremony = 결혼식]

→

---

① I arrived just in time for my flight to New York.

② We arrived just in time for the wedding ceremony.

DAY 010 ___월 ___일

I'm leaving at the end of this month.

나 이번 달 말에 떠나.

① at the end of + 특정 시기 = ~ 말에, ~ 마지막에

　at the end of this month = 이번 달 말에

　leave at the end of this month = 이번 달 말에 떠나다

② 'I'm V-ing.'는 가까운 미래의 확정적인 일을 말할 때에도 씁니다.

짬짬이 반복해서 써보기 (한 번씩 쓸 때마다 박스에 체크 표시!)

☐ ①

☐ ②

☐ ③

☐ ④

자기 전 응용해서 써보기

※ 'at the end of + 특정 시기' 형태를 활용하여 영작해 봅시다.

① 나 이번 주 말에 떠나. [go away = 가다, 떠나 가다]

　→

② 그들은 경기 마지막에 악수를 했어. [shake hands = 악수를 하다]

　→

---

① I'm going away at the end of this week.

② They shook hands at the end of the game.

WRITING TEST ___월 ___일

> 앞서 배운 문장들을 스스로 잘 영작할 수 있는지 영작 테스트를 통해 확인해 보도록 하세요. 영작을 끝내고 난 후엔 몇 개나 맞췄는지 박스(□)에 체크 표시를 해보세요.
>
> (정답 048쪽)

□ 01. 내가 고등학교에 다녔을 때 난 걜 처음 만났어.
→

□ 02. 내가 집에 도착했을 땐 9시였어.
→

□ 03. 내가 걜 찾으면 너한테 알려줄게.
→

□ 04. 내가 일 끝내면 너한테 전화할게.
→

□ 05. 나 월요일까지 이거 못 끝낼 것 같아.
→

□ 06. 나 10:30까지 공항에 도착해야 해.
→

□ 07. 내가 도착했을 무렵, 걘 이미 떠났었어.
→

□ 08. 네가 여기 도착할 즈음, 여긴 문 닫을 거야.
→

□ 09. 나 10시까지 일하고 있을 거야.
→

☐ 10. 나 다음 주까지 여기 머물고 있을 거야.
→

☐ 11. 난 어두워질 때까지 공원에서 걸었어.
→

☐ 12. 나 18살 때까지 부산에서 살았어.
→

☐ 13. 나 영화를 보는 동안 잠들었어. (during 이용)
→

☐ 14. 너 휴가 동안 뭐할 거야?
→

☐ 15. 너 나가 있던 동안 Jim한테서 전화 왔었어.
→

☐ 16. 내가 나가 있던 동안 누가 나한테 전화 했었어?
→

☐ 17. 나 딱 제시간에 역에 도착했어.
→

☐ 18. 우린 결혼식에 딱 맞춰 도착했어.
→

☐ 19. 나 이번 달 말에 떠나.
→

☐ 20. 그들은 경기 마지막에 악수를 했어.
→

정답 확인 | 나의 점수 : ___ / 20

01. I first met him(her) when I was in high school.
02. It was 9 o'clock when I got home.
03. I'll let you know when I've found him(her).
04. I'll call you when I've finished my work.
05. I don't think I can finish it by Monday.
06. I have to be at the airport by 10:30.
07. By the time I arrived, he(she) had already left.
08. By the time you get here, it will be closed.
09. I'll be working until 10 o'clock.
10. I'll be staying here until next week.
11. I walked in the park until it got dark.
12. I lived in Busan until I was eighteen.
13. I fell asleep during the movie.
14. What are you going to do during the vacation?
15. You had a call from Jim while you were out.
16. Did anybody call me while I was out?
17. I got to the station just in time.
18. We arrived just in time for the wedding ceremony.
19. I'm leaving at the end of this month.
20. They shook hands at the end of the game.

CHAPTER 02

'상황'을 덧붙여 말해보기

DAY 011   I'll stay around in case you need me.

DAY 012   In case of rain, the concert will be cancelled.

DAY 013   I don't care even if that is true.

DAY 014   I couldn't sleep although I was really tired.

DAY 015   In spite of hard efforts, I failed in the exam.

DAY 016   Despite his old age, he is still very healthy.

DAY 017   You can go in only if you are a member.

DAY 018   I'm not going unless you go too.

DAY 019   I don't care as long as I'm with you.

DAY 020   I'll buy it provided you give me a discount.

DAY 011 ___월 ___일

I'll stay around in case you need me.

네가 날 필요로 할지도 모르니 나 안 가고 있을게.

① in case + 문장 = ~할 경우에 대비해, ~할지도 모르니

in case you need me = 네가 날 필요로 할지도 모르니

stay around = 안 가고 있다(머물다)

② 'in case ~'는 어떤 경우를 '대비해서, 감안해서'라는 의미입니다.

짬짬이 반복해서 써보기 (한 번씩 쓸 때마다 박스에 체크 표시!)

☐ ①
☐ ②
☐ ③
☐ ④

자기 전 응용해서 써보기

※ 'in case + 문장' 형태를 활용하여 영작해 봅시다.

① 걔가 나타날지 모르니 나 계속 있을 거야. [stick around = 계속 있다]

→

② 내가 나갈지도 모르니 너 열쇠 가져가는 게 좋을 걸. [take = 가져가다]

→

① I'll stick around in case he(she) shows up.
② You'd better take the keys in case I'm out.

DAY 012 ___월 ___일

> ## In case of rain, the concert will be cancelled.
> ## 우천의 경우, 콘서트는 취소될 것입니다.
>
> ① in case of + 명사 = ~의 경우, ~일 시
>   in case of rain = 우천의 경우 (이는 곧 '비가 오는 경우')
>   cancel = 취소하다 / be cancelled = 취소가 되다
> ② 이외에 'emergency(비상), fire(화재)' 등을 넣어 말할 수 있습니다.

짬짬이 반복해서 써보기 (한 번씩 쓸 때마다 박스에 체크 표시!)

☐ ①

☐ ②

☐ ③

☐ ④

자기 전 응용해서 써보기

※ 'in case of + 명사' 형태를 활용하여 영작해 봅시다.

① 우천의 경우, 게임은 취소됩니다. [be called off = 취소되다]

  →

② 비상시, 이 버튼을 눌러 주십시오. [press = 누르다]

  →

> ① In case of rain, the game will be called off.
> ② In case of emergency, press this button.

DAY 013 ___월 ___일

I don't care even if that is true.

그게 사실일지라도 난 상관 안 해.

① even if + 문장 = ~일지라도

  even if that is true = 그게 사실일지라도

  I don't care. = 난 상관 안 해. (care = 상관하다)

② 'if(~라면)'과 'even if(~일지라도)'를 잘 구분해서 써야 합니다.

짬짬이 반복해서 써보기 (한 번씩 쓸 때마다 박스에 체크 표시!)

☐ ①

☐ ②

☐ ③

☐ ④

자기 전 응용해서 써보기

※ 'even if + 문장' 형태를 활용하여 영작해 봅시다.

① 비가 올지라도 우린 해변에 갈 거야. [rain = 비가 오다]

  →

② 네가 이걸 안 좋아할지라도 넌 이걸 해야 해. [must V = ~해야 한다]

  →

---

① We will go to the beach even if it rains.

② You must do it even if you don't like it.

DAY 014   ___월 ___일

I couldn't sleep although I was really tired.

나 너무 피곤했는데도 잠을 잘 수 없었어.

① although + 문장 = ~임에도 불구하고, ~인데도

　although I was really tired = 나 너무 피곤했는데도

　I couldn't sleep. = 난 잠을 잘 수 없었어.

② 'although'보다 더 뉘앙스가 강한 표현은 'even though'입니다.

짬짬이 반복해서 써보기   (한 번씩 쓸 때마다 박스에 체크 표시!)

☐ ①

☐ ②

☐ ③

☐ ④

자기 전 응용해서 써보기

※ 'although + 문장' 형태를 활용하여 영작해 봅시다.

① 비가 많이 왔지만 우린 소풍을 갔어. [go on a picnic = 소풍 가다]

　→

② 그 사람은 부자인데도 굉장히 인색해. [stingy = 인색한]

　→

---

① We went on a picnic although it rained a lot.

② Although he(she) is rich, he(she) is very stingy.

DAY 015 ___월 ___일

In spite of hard efforts, I failed in the exam.

엄청난 노력에도 불구하고, 난 시험에 떨어졌어.

① in spite of + 명사 = ~에도 불구하고

　in spite of hard efforts = 엄청난 노력에도 불구하고

　fail in the exam = 낙제하다, 시험에 떨어지다

② 'in spite of' 뒤에는 '명사, V-ing'가 올 수 있습니다.

짬짬이 반복해서 써보기 (한 번씩 쓸 때마다 박스에 체크 표시!)

☐ ①

☐ ②

☐ ③

☐ ④

자기 전 응용해서 써보기

※ 'in spite of + 명사' 형태를 활용하여 영작해 봅시다.

① 악천후에도 불구하고, 우린 휴가를 즐겼어. [bad weather = 악천후]

　→

② 우린 언어 장벽에도 불구하고, 사랑에 빠졌어. [barrier = 장벽]

　→

---

① In spite of the bad weather, we enjoyed our vacation.

② We fell in love in spite of the language barrier.

DAY 016 ___월 ___일

> **Despite** his old age, he is still very healthy.
>
> 많은 나이에도 불구하고, 그 분은 여전히 아주 건강해.
>
> ① despite + 명사 = ~에도 불구하고
>   despite his old age = (그의) 많은 나이에도 불구하고
>   He is still ~. = 그 분은 여전히 ~해. / healthy = 건강한
> ② 'despite' 뒤에는 '명사, V-ing'가 올 수 있습니다.

짬짬이 반복해서 써보기 (한 번씩 쓸 때마다 박스에 체크 표시!)

☐ ①

☐ ②

☐ ③

☐ ④

자기 전 응용해서 써보기

※ 'despite + 명사' 형태를 활용하여 영작해 봅시다.

① 교통 체증에도 불구하고, 우린 제때 도착했어. [traffic jam = 교통 체증]
  →

② 이 모든 노력에도 불구하고, 우린 상을 못 탔어. [win = (상 등을) 타다]
  →

---

① Despite the traffic jam, we arrived on time.
② Despite all these efforts, we failed to win the prize.

DAY 017 ___월 ___일

> ## You can go in only if you are a member.
>
> 귀하께서 회원이신 경우에만 입장하실 수 있습니다.
>
> ① only if + 문장 = ~일 경우에만, ~일 경우에 한해
>   only if you are a member = 귀하께서 회원이신 경우에만
>   go in = (안으로) 들어가다, 입장하다
> ② 'only if'는 어떤 '한 가지 경우만을 강조'하는 뉘앙스입니다.

짬짬이 반복해서 써보기   (한 번씩 쓸 때마다 박스에 체크 표시!)

☐ ①
☐ ②
☐ ③
☐ ④

자기 전 응용해서 써보기

※ 'only if + 문장' 형태를 활용하여 영작해 봅시다.

① 네가 나랑 같이 갈 경우에만 난 갈 거야. [go with ~ = ~와 같이 가다]

  →

② 네가 이걸 비밀로 할 경우에만 네게 말할 거야. [secret = 비밀]

  →

> ① I'll go only if you go with me.
> ② I'll tell you only if you keep it secret.

DAY 018 ___월 ___일

I'm not going unless you go too.

너도 가는 게 아니라면 난 안 갈 거야.

① unless = ~이지 않다면, ~인 게 아니라면

　unless you go too = 너도 가는 게 아니라면

　I'm not V-ing. = (확정적 미래) 난 ~하지 않을 거야.

② 'unless'는 'if'와 반대의 뜻을 갖고 있으니 사용에 주의하세요.

짬짬이 반복해서 써보기 (한 번씩 쓸 때마다 박스에 체크 표시!)

☐ ①

☐ ②

☐ ③

☐ ④

자기 전 응용해서 써보기

※ 'unless + 문장' 형태를 활용하여 영작해 봅시다.

① 네가 시도하지 않는다면 넌 절대 알지 못할 거야. [try = 시도하다]

→

② 너 지금 당장 떠나지 않는다면 버스 놓칠 거야. [miss = 놓치다]

→

---

① You will never know unless you try.

② You will miss the bus unless you leave right now.

DAY 019 ___월 ___일

I don't care as long as I'm with you.

너와 함께 있기만 한다면 난 상관 안 해.

① as long as + 문장 = ~이기만 하면, ~이기만 한다면

　as long as I'm with you = 너와 함께 있기만 한다면

　I don't care. = 난 상관 안 해. (care = 상관하다)

② 'as long as'는 '~인 한, ~이기 때문에'라는 뜻으로도 쓰입니다.

짬짬이 반복해서 써보기　(한 번씩 쓸 때마다 박스에 체크 표시!)

☐ ①

☐ ②

☐ ③

☐ ④

자기 전 응용해서 써보기

※ 'as long as + 문장' 형태를 활용하여 영작해 봅시다.

① 이걸 깨끗이 하기만 한다면 네게 이걸 빌려줄게. [lend = 빌려주다]

→

② 이것이 합법인 한 어떤 문제도 없을 것입니다. [legal = 합법인]

→

---

① I can lend it to you as long as you keep it clean.

② There will be no problem as long as it's legal.

DAY 020 ___월 ___일

I'll buy it provided you give me a discount.

제게 할인해 주신다면 이걸 살게요.

① provided (that) + 문장. = ~라면, ~인 조건이라면

provided you give me a discount = 제게 할인해 주신다면

give A a discount = A에게 할인해 주다

② 'provided (that)'에서 대부분 'that'을 생략해서 말합니다.

짬짬이 반복해서 써보기 (한 번씩 쓸 때마다 박스에 체크 표시!)

☐ ①

☐ ②

☐ ③

☐ ④

자기 전 응용해서 써보기

※ 'provided + 문장' 형태를 활용하여 영작해 봅시다.

① 내가 초대를 받는다면 그 파티에 갈게. [come = 오다(가다)]

→

② 제게 100달러를 주시는 조건으로 당신을 도울게요. [pay = (돈을) 주다]

→

---

① I'll come to the party provided I'm invited.

② I'll help you provided you pay me 100 dollars.

WRITING TEST ___월 ___일

> 앞서 배운 문장들을 스스로 잘 영작할 수 있는지 영작 테스트를 통해 확인해 보도록 하세요. 영작을 끝내고 난 후엔 몇 개나 맞췄는지 박스(□)에 체크 표시를 해보세요.
>
> (정답 062쪽)

☐ 01. 네가 날 필요로 할지도 모르니 나 안 가고 있을게.
→

☐ 02. 내가 나갈지도 모르니 너 열쇠 가져가는 게 좋을 걸.
→

☐ 03. 우천의 경우, 콘서트는 취소될 것입니다.
→

☐ 04. 비상시, 이 버튼을 눌러 주십시오.
→

☐ 05. 그게 사실일지라도 난 상관 안 해.
→

☐ 06. 네가 이걸 안 좋아할지라도 넌 이걸 해야 해.
→

☐ 07. 나 너무 피곤했는데도 잠을 잘 수 없었어.
→

☐ 08. 그 사람 부자인데도 굉장히 인색해.
→

☐ 09. 엄청난 노력에도 불구하고, 난 시험에 떨어졌어.
→

☐ 10. 악천후에도 불구하고, 우린 휴가를 즐겼어.
→

☐ 11. 많은 나이에도 불구하고, 그 분은 여전히 아주 건강해.
→

☐ 12. 교통 체증에도 불구하고, 우린 제때 도착했어.
→

☐ 13. 귀하께서 회원이신 경우에만 입장하실 수 있습니다.
→

☐ 14. 네가 이걸 비밀로 할 경우에만 네게 말할 거야.
→

☐ 15. 너도 가는 게 아니라면 난 안 갈 거야.
→

☐ 16. 너 지금 당장 떠나지 않는다면 버스 놓칠 거야.
→

☐ 17. 너와 함께 있기만 한다면 난 상관 안 해.
→

☐ 18. 이것이 합법인 한 어떤 문제도 없을 것입니다.
→

☐ 19. 제게 할인해 주신다면 이걸 살게요.
→

☐ 20. 제게 100달러를 주시는 조건으로 당신을 도울게요.
→

| 정답 확인 | 나의 점수 : ___ / 20 |

01. I'll stay around in case you need me.
02. You'd better take the keys in case I'm out.
03. In case of rain, the concert will be cancelled.
04. In case of emergency, press this button.
05. I don't care even if that is true.
06. You must do it even if you don't like it.
07. I couldn't sleep although I was really tired.
08. Although he(she) is rich, he(she) is very stingy.
09. In spite of hard efforts, I failed in the exam.
10. In spite of the bad weather, we enjoyed our vacation.
11. Despite his(her) old age, he(she) is still very healthy.
12. Despite the traffic jam, we arrived on time.
13. You can go in only if you are a member.
14. I'll tell you only if you keep it secret.
15. I'm not going unless you go too.
16. You will miss the bus unless you leave right now.
17. I don't care as long as I'm with you.
18. There will be no problem as long as it's legal.
19. I'll buy it provided you give me a discount.
20. I'll help you provided you pay me 100 dollars.

CHAPTER 03

'as'로 말꼬리 늘려보기

DAY 021	As I walked in, I smelled something weird.
DAY 022	I got a phone call just as I was leaving.
DAY 023	As I was tired, I went to bed early.
DAY 024	I want you to think of me as a friend.
DAY 025	As you know, I'm not very good at sports.
DAY 026	As usual, Chris was the first to arrive.
DAY 027	I'll call you as soon as I get home.
DAY 028	As far as I know, he is still single.
DAY 029	I feel as if I've known him for a long time.
DAY 030	You look as if you haven't slept all night.

DAY 021 ___월 ___일

As I walked in, I smelled something weird.

내가 안에 들어왔을 때, 나 뭔가 이상한 냄새를 맡았어.

① as + 문장 = ~일 때 ('~와 동시에'라는 의미)

　as I walked in = 내가 안에 들어왔을 때

　smell = 냄새를 맡다 / something weird = 뭔가 이상한 것

② 'something + 형용사'는 '뭔가 ~한 것'이라고 풀이됩니다.

짬짬이 반복해서 써보기   (한 번씩 쓸 때마다 박스에 체크 표시!)

☐ ①

☐ ②

☐ ③

☐ ④

자기 전 응용해서 써보기

※ 'as + 문장' 형태를 활용하여 영작해 봅시다.

① 문이 열렸을 때, 그 사람이 안에 들어왔어. [be open = 열리다]

→

② 나 길을 따라 걷고 있는데, Chris를 봤어. [walk along ~ = ~을 따라 걷다]

→

---

① As the door was open, he(she) walked in.

② As I was walking along the street, I saw Chris.

DAY 022 ___월___일

I got a phone call just as I was leaving.

내가 떠나려 하고 있던 바로 그 때, 전화를 받았어.

① just as + 문장 = ~인 바로 그 때

just as I was leaving = 내가 떠나려 하고 있던 바로 그 때

get a phone call = 전화를 받다

② 위에서 'just'는 '딱, 바로 그'라는 강조의 뜻으로 쓰입니다.

짬짬이 반복해서 써보기 (한 번씩 쓸 때마다 박스에 체크 표시!)

☐ ①

☐ ②

☐ ③

☐ ④

자기 전 응용해서 써보기

※ 'just as + 문장' 형태를 활용하여 영작해 봅시다.

① 내가 나가려던 바로 그 때, 전화가 울렸어. [ring = 울리다]

→

② 우리가 걔 얘길 하고 있던 바로 그 때, 걔가 왔어. [come = 오다]

→

① Just as I was going out, the phone rang.

② Just as we were talking about him(her), he(she) came.

DAY 023 ___월 ___일

As I was tired, I went to bed early.

난 피곤해서, 일찍 잠자리에 들었어.

① as + 문장 = ~해서 ('~이기 때문에'라는 의미)

   As I was tired = 난 피곤해서 = 난 피곤했기 때문에

   go to bed early = 일찍 잠자리에 들다

② 'as' 뒤에는 '원인'이 되는 내용 또한 들어갈 수 있습니다.

짬짬이 반복해서 써보기 (한 번씩 쓸 때마다 박스에 체크 표시!)

☐ ①

☐ ②

☐ ③

☐ ④

자기 전 응용해서 써보기

※ 위의 'as + 문장' 형태를 활용하여 영작해 봅시다.

① 비가 오고 있었기 때문에, 우린 못 나갔어. [go out = 나가다, 외출하다]

   →

② 우린 서로 가까이 살아서, 정말 자주 만나. [near ~ = ~ 가까이]

   →

---

① As it was raining, we couldn't go out.

② As we live near each other, we meet very often.

DAY 024 ___월 ___일

I want you to think of me as a friend.

난 네가 날 친구로서 생각해 주길 바라.

① as + 명사 = ~로서

　as a friend = 친구로서

　think of me as a friend = 나를 친구로서 생각하다

② 친구 외에도 'as' 뒤에 다양한 신분을 넣어 말할 수 있습니다.

짬짬이 반복해서 써보기 (한 번씩 쓸 때마다 박스에 체크 표시!)

☐ ①

☐ ②

☐ ③

☐ ④

자기 전 응용해서 써보기

※ 'as + 명사' 형태를 활용하여 영작해 봅시다.

① 우린 팀으로서 함께 일해야 해요. [work together = 함께 일하다]

　→

② 전 매니저로서 2년 동안 일해오고 있습니다. [manager = 매니저]

　→

---

① We have to work together as a team.

② I've been working as a manager for two years.

DAY 025 ___월 ___일

As you know, I'm not very good at sports.

너도 알다시피, 난 스포츠에 그리 능하지 못해.

① as + 문장 = ~하다시피 ('~인 것과 같이'라는 의미)

As you know = 너도 알다시피 = 너도 알고 있는 것과 같이

I'm not very good at ~. = 난 ~에 그리 능하지 못해.

② 'as you know'는 '너도 알다시피'란 표현으로 통째로 암기해 두세요.

짬짬이 반복해서 써보기 (한 번씩 쓸 때마다 박스에 체크 표시!)

☐ ①

☐ ②

☐ ③

☐ ④

자기 전 응용해서 써보기

※ 이번엔 'as I said(내가 말했다시피)'를 활용해 영작해 보세요.

① 내가 말했다시피, 난 그거에 대해 아는 게 없어. [know = 알다]

→

② 내가 말했다시피, 이건 시간과 돈 낭비야. [a waste of ~ = ~의 낭비]

→

---

① As I said, I don't know anything about that.

② As I said, it's a waste of time and money.

DAY 026 ___월 ___일

As usual, Chris was the first to arrive.

늘 그렇듯이, Chris가 가장 먼저 도착했어.

① as usual = 평상시와 같이 ('늘 그렇듯이'라는 의미)

　the first to V = 가장 먼저 ~하는 사람

　the first to arrive = 가장 먼저 도착하는 사람

② 'as always(항상 그렇듯이)'란 표현도 함께 알아두시면 좋습니다.

짬짬이 반복해서 써보기 (한 번씩 쓸 때마다 박스에 체크 표시!)

☐ ①

☐ ②

☐ ③

☐ ④

자기 전 응용해서 써보기

※ 'as usual, as always'를 활용해 영작해 보세요.

① 난 늘 그렇듯이 저녁 식사 후 산책을 나갔어. [go out = 나가다]

　→

② 너는 항상 그렇듯 똑같아 보여. [look the same = 똑같아 보이다]

　→

---

① I went out for a walk after dinner as usual.

② You look the same as always.

DAY 027 ___월 ___일

I'll call you as soon as I get home.

내가 집에 도착하자마자 너한테 전화할게.

① as soon as + 문장 = ~하자마자, ~하는 대로

as soon as I get home = 내가 집에 도착하자마자

get home = 집에 도착하다(당도하다)

② 'get to 장소'에서 장소가 '집(home)'인 경우 'to'를 생략합니다.

짬짬이 반복해서 써보기 (한 번씩 쓸 때마다 박스에 체크 표시!)

☐ ①

☐ ②

☐ ③

☐ ④

자기 전 응용해서 써보기

※ 'as soon as + 문장' 형태를 활용하여 영작해 봅시다.

① 내가 결정하는 대로 네게 알려줄게. [make a decision = 결정하다]

→

② 난 잠자리에 들자마자 잠이 들었어. [fall asleep = 잠이 들다]

→

---

① I'll let you know as soon as I make a decision.

② I fell asleep as soon as I went to bed.

DAY 028 ___월 ___일

As far as I know, he is still single.

내가 알기로는, 그 사람 아직도 혼자야.

① as far as + 문장 = ~인 바로는, ~인 한

　as far as I know = 내가 아는 바로는 = 내가 알기로는

　He is still ~. = 그 사람 아직도 ~야.

② 'single'은 '독신인, 혼자인'이라는 뜻의 표현입니다.

짬짬이 반복해서 써보기　(한 번씩 쓸 때마다 박스에 체크 표시!)

☐ ①

☐ ②

☐ ③

☐ ④

자기 전 응용해서 써보기

※ 'as far as + 문장' 형태를 활용하여 영작해 봅시다.

① 내가 아는 한, 걔는 정말 좋은 사람이야. [good person = 좋은 사람]

　→

② 내가 기억하기로는, 그 사람 빨간 셔츠를 입고 있었어. [wear = 입다]

　→

---

① As far as I know, he(she) is a really good person.

② As far as I remember, he(she) was wearing a red shirt.

DAY 029 ___월 ___일

I feel as if I've known him for a long time.

난 걜 오랫동안 알아온 것처럼 느껴져.

① feel as if + 문장 = ~인 것처럼 느끼다

　feel as if I've p.p. = 내가 ~해 온 것처럼 느끼다

　know A for a long time = A를 오랫동안 알다

② 'as if'만 따로 떼놓고 보면 '~인 것처럼'이라는 뜻입니다.

짬짬이 반복해서 써보기　(한 번씩 쓸 때마다 박스에 체크 표시!)

☐ ①

☐ ②

☐ ③

☐ ④

자기 전 응용해서 써보기

※ 'feel as if + 문장' 형태를 활용하여 영작해 봅시다.

① 나 전에 여기 와본 것처럼 느껴져. [before = 전에]

　→

② 난 여기 소속돼 있는 것처럼 안 느껴져. [belong = 속하다]

　→

---

① I feel as if I've been here before.

② I don't feel as if I belong here.

DAY 030 ___월 ___일

You look as if you haven't slept all night.

너 밤새 잠을 못 잔 것처럼 보여.

① look as if + 문장 = ~인 것처럼 보이다

  look as if you haven't p.p. = 넌 못 ~한 것처럼 보이다

  sleep all night = 밤새 잠을 자다

② 'look'은 '보다'라는 뜻 외에 '~로 보이다'라는 뜻도 있습니다.

짬짬이 반복해서 써보기 (한 번씩 쓸 때마다 박스에 체크 표시!)

☐ ①

☐ ②

☐ ③

☐ ④

자기 전 응용해서 써보기

※ 'look as if + 문장' 형태를 활용하여 영작해 봅시다.

① 너 막 귀신이라도 본 것처럼 보여. [ghost = 귀신]

  →

② 걔 기절하기 직전인 것처럼 보였어. [faint = 기절하다]

  →

---

① You look as if you've just seen a ghost.

② He(She) looked as if he(she) was about to faint.

WRITING TEST ___월 ___일

> 앞서 배운 문장들을 스스로 잘 영작할 수 있는지 영작 테스트를 통해 확인해 보도록 하세요. 영작을 끝내고 난 후엔 몇 개나 맞췄는지 박스(□)에 체크 표시를 해보세요.
>
> (정답 076쪽)

□ 01. 내가 안에 들어왔을 때, 나 뭔가 이상한 냄새를 맡았어.
→

□ 02. 나 길을 따라 걷고 있는데, Chris를 봤어.
→

□ 03. 내가 떠나려 하고 있던 바로 그 때, 전화를 받았어.
→

□ 04. 우리가 걔 얘길 하고 있던 바로 그 때, 걔가 왔어.
→

□ 05. 난 피곤해서, 일찍 잠자리에 들었어.
→

□ 06. 우린 서로 가까이 살아서, 정말 자주 만나.
→

□ 07. 난 네가 날 친구로서 생각해 주길 바라.
→

□ 08. 전 매니저로서 2년 동안 일해오고 있습니다.
→

□ 09. 너도 알다시피, 난 스포츠에 그리 능하지 못해.
→

☐ 10. 내가 말했다시피, 이건 시간과 돈 낭비야.
→

☐ 11. 늘 그렇듯이, Chris가 가장 먼저 도착했어.
→

☐ 12. 난 늘 그렇듯이 저녁 식사 후 산책을 했어.
→

☐ 13. 내가 집에 도착하자마자 너한테 전화할게.
→

☐ 14. 내가 결정하는 대로 네게 알려줄게.
→

☐ 15. 내가 알기로는, 그 사람 아직도 혼자야.
→

☐ 16. 내가 기억하기로는, 그 사람 빨간 셔츠를 입고 있었어.
→

☐ 17. 난 걜 오랫동안 알아온 것처럼 느껴져.
→

☐ 18. 난 여기 소속돼 있는 것처럼 안 느껴져.
→

☐ 19. 너 밤새 잠을 못 잔 것처럼 보여.
→

☐ 20. 너 막 귀신이라도 본 것처럼 보여.
→

정답 확인 | 나의 점수 : ___ / 20

01. As I walked in, I smelled something weird.
02. As I was walking along the street, I saw Chris.
03. I got a phone call just as I was leaving.
04. Just as we were talking about him(her), he(she) came.
05. As I was tired, I went to bed early.
06. As we live near each other, we meet very often.
07. I want you to think of me as a friend.
08. I've been working as a manager for two years.
09. As you know, I'm not very good at sports.
10. As I said, it's a waste of time and money.
11. As usual, Chris was the first to arrive.
12. I went out for a walk after dinner as usual.
13. I'll call you as soon as I get home.
14. I'll let you know as soon as I make a decision.
15. As far as I know, he(she) is still single.
16. As far as I remember, he(she) was wearing a red shirt.
17. I feel as if I've known him(her) for a long time.
18. I don't feel as if I belong here.
19. You look as if you haven't slept all night.
20. You look as if you've just seen a ghost.

CHAPTER 04

문장 2개 연결해서 말해보기

DAY 031	Do you know the man who lives next door?
DAY 032	Who is the man who Jim is talking to?
DAY 033	I met a man whose brother knows you.
DAY 034	Where is the cake which was in the fridge?
DAY 035	The woman that I met last night was Rachel.
DAY 036	The car that I want to buy is too expensive.
DAY 037	Do you know what I'm saying?
DAY 038	Is there any place where I can send a fax?
DAY 039	I often visit Busan, where my parents live.
DAY 040	That is the reason why I broke up with Jim.

DAY 031   ___월 ___일

Do you know the man who lives next door?

너 옆집에 사는 남자 알아?

① 사람 who ~ = ~하는 사람

  the man who lives next door = 옆집에 사는 남자

② 위 문장은 'Do you know the man?'과 'The man lives next door.'를 'who'로 연결해 1개의 문장으로 만든 것이라 보면 됩니다.

짬짬이 반복해서 써보기   (한 번씩 쓸 때마다 박스에 체크 표시!)

☐ ①

☐ ②

☐ ③

☐ ④

자기 전 응용해서 써보기

※ '사람 who ~' 형태를 활용하여 영작해 봅시다.

① 네가 이걸 할 수 있는 유일한 사람이야. [only man = 유일한 사람]

  →

② 그녀는 우주로 여행한 최초의 여성이었어. [travel into ~ = ~로 여행하다]

  →

---

① You are the only man who can do it.

② She was the first woman who traveled into space.

DAY 032 ___월 ___일

Who is the man who Jim is talking to?

Jim이 말 걸고 있는 남자는 누구야?

① 사람 who A ~ = A가 ~하는 사람

the man who Jim is talking to = Jim이 말 걸고 있는 남자

② 위에서 'the man'은 'Jim'이 '말 걸고 있는(talking to)' 대상이 되는 사람이며, 이 경우 'who' 대신 'whom'을 쓰기도 합니다.

짬짬이 반복해서 써보기 (한 번씩 쓸 때마다 박스에 체크 표시!)

☐ ①

☐ ②

☐ ③

☐ ④

자기 전 응용해서 써보기

※ '사람 who ~' 형태를 활용하여 영작해 봅시다.

① 난 내가 같이 일하는 사람들이 좋아. [work with ~ = ~와 같이 일하다]

→

② Chris는 네가 의지할 수 있는 좋은 사람이야. [rely on ~ = ~에 의지하다]

→

---

① I like the people who I work with.

② Chris is a good person who you can rely on.

DAY 033 ___월 ___일

> ## I met a man whose brother knows you.
> ## 나 (그 남자의) 남동생이 널 알고 있는 한 남자를 만났어.
>
> ① 사람 whose A ~ = (그 사람의) A가 ~하는 사람
> the man whose brother knows me
> = (그 남자의) 남동생이 날 알고 있는 남자
> ② 'whose'는 앞에 나온 대상이 뒤에 나온 대상을 '소유'한 형태일 경우 씁니다.

짬짬이 반복해서 써보기 (한 번씩 쓸 때마다 박스에 체크 표시!)

☐ ①

☐ ②

☐ ③

☐ ④

자기 전 응용해서 써보기

※ '사람 whose A ~' 형태를 활용하여 영작해 봅시다.

① 난 아버지가 의사인 한 여자애를 알아. [doctor = 의사]

→

② 난 어머니가 선생님인 친구 한 명이 있어. [teacher = 선생님]

→

> ① I know a girl whose father is a doctor.
> ② I have a friend whose mother is a teacher.

DAY 034 ___월 ___일

Where is the cake which was in the fridge?

냉장고에 있었던 케이크 어디에 있어?

① 사물 which ~ = ~한 사물

the cake which was in the fridge = 냉장고에 있었던 케이크

② 위와 같이 사람이 아닌 '사물'을 대상으로 말할 경우, 'who'가 아닌 'which'로 연결해서 말해야만 합니다.

짬짬이 반복해서 써보기 (한 번씩 쓸 때마다 박스에 체크 표시!)

☐ ①

☐ ②

☐ ③

☐ ④

자기 전 응용해서 써보기

※ '사물 which ~' 형태를 활용하여 영작해 봅시다.

① 너 네가 잃어버렸던 지갑은 찾았어? [wallet = 지갑]

→

② 내가 어제 샀던 책 정말 지루해. [boring = 지루한]

→

① Have you found the wallet which you lost?

② The book which I bought yesterday is very boring.

DAY 035 ___월 ___일

The woman that I met last night was Rachel.

내가 어젯밤에 만났던 여자는 Rachel이었어.

① 사람 that ~ = ~한 사람

the woman that I met = 내가 만났던 여자

② 앞서 우리는 '사람 who ~'라는 표현을 배웠는데, 'who' 대신 'that'을 넣어서 말해도 됩니다. (실제 'that'이 더 많이 쓰임)

짬짬이 반복해서 써보기 (한 번씩 쓸 때마다 박스에 체크 표시!)

☐ ①

☐ ②

☐ ③

☐ ④

자기 전 응용해서 써보기

※ '사람 that ~' 형태를 활용하여 영작해 봅시다.

① 당신은 내가 믿을 수 있는 유일한 사람이에요. [trust = 믿다]

→

② 그 사람이 제가 찾고 있던 남자예요. [look for ~ = ~을 찾다]

→

① You are the only person that I can trust.

② He is the man that I've been looking for.

DAY 036 ___월 ___일

The car that I want to buy is too expensive.

내가 사고 싶은 차는 너무 비싸.

① 사물 that ~ = ~한 사물

the car that I want to buy = 내가 사고 싶은 차

② 앞서 우리는 '사물 which ~'라는 표현을 배웠는데, 'which' 대신 'that'을 넣어서 말해도 됩니다. (실제 'that'이 더 많이 쓰임)

짬짬이 반복해서 써보기 (한 번씩 쓸 때마다 박스에 체크 표시!)

☐ ①

☐ ②

☐ ③

☐ ④

자기 전 응용해서 써보기

※ '사물 which ~' 형태를 활용하여 영작해 봅시다.

① 내가 어제 산 원피스가 나한테 안 맞아. [fit = 맞다]

→

② 이것이 우리가 현재 직면하고 있는 문제입니다. [face = 직면하다]

→

① The dress that I bought yesterday doesn't fit me.

② This is the problem that we are facing now.

DAY 037 ___월 ___일

Do you know what I'm saying?

너 내가 무슨 말 하고 있는지 알겠어?

① what A ~ = A가 ~하는 것

　what I'm saying = 내가 말하고 있는 것

② 위 문장을 직역하면 '너 내가 말하고 있는 것을 알겠어?'인데, 이는 곧 '너 내가 무슨 말 하고 있는지 알겠어?'라는 의미입니다.

짬짬이 반복해서 써보기 (한 번씩 쓸 때마다 박스에 체크 표시!)

□ ①

□ ②

□ ③

□ ④

자기 전 응용해서 써보기

※ 'what A ~' 형태를 활용하여 영작해 봅시다.

① 너 내가 뭘 의미하는지 이해하겠어? [mean = 의미하다]

→

② 난 네가 내게서 뭘 원하는지 모르겠어. [from ~ = ~에게서]

→

---

① Do you understand what I mean?

② I don't know what you want from me.

DAY 038 ___월 ___일

Is there any place where I can send a fax?

제가 팩스를 보낼 수 있는 곳이 있나요?

① 장소 where ~ = ~한 장소

place where I can send a fax = 내가 팩스를 보낼 수 있는 곳

② 위와 같이 '장소'가 나오는 경우, 'where'을 사용해서 말할 수 있습니다. 하지만 'that, which' 또한 사용 가능합니다.

짬짬이 반복해서 써보기 (한 번씩 쓸 때마다 박스에 체크 표시!)

☐ ①

☐ ②

☐ ③

☐ ④

자기 전 응용해서 써보기

※ '장소 where ~' 형태를 활용하여 영작해 봅시다.

① 나 우리가 별을 많이 볼 수 있는 좋은 곳을 알고 있어. [star = 별]

→

② 여기가 내가 태어난 병원이야. [hospital = 병원]

→

---

① I know a good place where we can see many stars.

② This is the hospital where I was born.

DAY 039 ___월 ___일

I often visit Busan, where my parents live.

나 내 부모님이 살고 계신 부산을 자주 방문해.

① Busan, where my parents live = 내 부모님이 살고 계신 부산

(이미 모두가 '부산에 내 부모가 살고 있다는 사실'을 알고 있음)

② 새로운 정보를 언급하는 것이 아닌, 우리 모두가 이미 다 알고 있는 대상에 대해 언급할 땐 위와 같이 '쉼표(,)'를 찍고 말합니다.

짬짬이 반복해서 써보기 (한 번씩 쓸 때마다 박스에 체크 표시!)

☐ ①

☐ ②

☐ ③

☐ ④

자기 전 응용해서 써보기

※ 위와 같이 '쉼표(,)'를 넣어서 영작해 보도록 하세요.

① 나 오랫동안 못 보고 지냈었던 Jim을 만났어. [see = 보다]

→

② 3층에 있는 제 사무실은 정말 작아요. [third floor = 3층]

→

---

① I met Jim, who I hadn't seen for a long time.

② My office, which is on the third floor, is very small.

DAY 040 ___월 ___일

That is the reason why I broke up with Jim.

그게 바로 내가 Jim과 헤어진 이유야.

① the reason why ~ = ~한 이유

the reason why I broke up with ~ = 내가 ~와 헤어진 이유

② 'reason'은 '이유'라는 뜻의 단어인데, 이 뒤에 'why ~'를 붙이면 '~한 이유'와 같이 구체적인 이유를 나타내는 표현이 됩니다.

짬짬이 반복해서 써보기 (한 번씩 쓸 때마다 박스에 체크 표시!)

☐ ①

☐ ②

☐ ③

☐ ④

자기 전 응용해서 써보기

※ 'the reason why ~' 형태를 활용하여 영작해 봅시다.

① 그게 바로 내가 이 영화를 엄청 좋아하는 이유야. [love = 엄청 좋아하다]

→

② 내가 이 주제를 택한 두 가지 이유가 있어. [topic = 주제]

→

① That is the reason why I love this movie.
② There are two reasons why I chose this topic.

WRITING TEST ___월 ___일

> 앞서 배운 문장들을 스스로 잘 영작할 수 있는지 영작 테스트를 통해 확인해 보도록 하세요. 영작을 끝내고 난 후엔 몇 개나 맞췄는지 박스(□)에 체크 표시를 해보세요.
>
> (정답 090쪽)

□ 01. 너 옆집에 사는 남자 알아?
→

□ 02. 네가 이걸 할 수 있는 유일한 사람이야.
→

□ 03. Jim이 말 걸고 있는 남자는 누구야?
→

□ 04. 난 내가 같이 일하는 사람들이 좋아.
→

□ 05. 나 (그 남자의) 남동생이 날 알고 있는 한 남자를 만났어.
→

□ 06. 난 어머니가 선생님인 친구 한 명이 있어.
→

□ 07. 냉장고에 있었던 케이크 어디에 있어?
→

□ 08. 너 네가 잃어버렸던 지갑은 찾았어?
→

□ 09. 내가 어젯밤에 만났던 여자는 Rachel이었어.
→

☐ 10. 그 사람이 제가 찾고 있던 남자예요.
  →

☐ 11. 내가 사고 싶은 차는 너무 비싸.
  →

☐ 12. 이것이 현재 우리가 직면하고 있는 문제입니다.
  →

☐ 13. 너 내가 무슨 말 하고 있는지 알겠어?
  →

☐ 14. 난 네가 내게서 뭘 원하는지 모르겠어.
  →

☐ 15. 제가 팩스를 보낼 수 있는 곳이 있나요?
  →

☐ 16. 나 우리가 별을 많이 볼 수 있는 좋은 곳을 알고 있어.
  →

☐ 17. 나 내 부모님이 살고 계신 부산을 자주 방문해.
  →

☐ 18. 나 오랫동안 못 보고 지냈던 Jim을 만났어.
  →

☐ 19. 그게 바로 내가 Jim과 헤어진 이유야.
  →

☐ 20. 내가 이 주제를 택한 두 가지 이유가 있어.
  →

정답 확인 | 나의 점수 : ___ / 20

01. Do you know the man who lives next door?
02. You are the only man who can do it.
03. Who is the man who Jim is talking to?
04. I like the people who I work with.
05. I met a man whose brother knows you.
06. I have a friend whose mother is a teacher.
07. Where is the cake which was in the fridge?
08. Have you found the wallet that you lost?
09. The woman that I met last night was Rachel.
10. He is the man that I've been looking for.
11. The car that I bought yesterday is too expensive.
12. This is the problem that we are facing now.
13. Do you know what I'm saying?
14. I don't know what you want from me.
15. Is there any place where I can send a fax?
16. I know a good place where we can see many stars.
17. I often visit Busan, where my parents live.
18. I met Jim, who I hadn't seen for a long time.
19. That is the reason why I broke up with Jim.
20. There are two reasons why I chose this topic.

CHAPTER 05

간결하게 압축해서 말해보기

DAY 041	Who is the man talking to Rachel?
DAY 042	I wanted a room overlooking the sea.
DAY 043	I hurt my knee while playing basketball.
DAY 044	I cut my finger opening a can of tuna.
DAY 045	Feeling tired, I went straight home.
DAY 046	Having had dinner, I went for a walk.
DAY 047	I saw you having lunch with Chris.
DAY 048	I've never seen him act like this before.
DAY 049	I have difficulty communicating in English.
DAY 050	I spent the whole night waiting for you.

DAY 041 ___월 ___일

Who is the man talking to Rachel?

Rachel에게 말 걸고 있는 남자 누구야?

① 사람 + V-ing = ~하고 있는 사람

the man talking to Rachel = Rachel에게 말 걸고 있는 남자

② '말 걸고 있는 남자'는 'the man who is talking'이라고도 하지만, 이를 더 줄여서 'the man talking'이라고도 할 수 있습니다.

짬짬이 반복해서 써보기 (한 번씩 쓸 때마다 박스에 체크 표시!)

☐ ①
☐ ②
☐ ③
☐ ④

자기 전 응용해서 써보기

※ '사람 + V-ing' 형태를 활용하여 영작해 봅시다.

① 밖에서 기다리고 있는 저 사람들은 누구야? [outside = 밖에서]
   →

② 걔 옆에 앉아 있는 여자는 Kate야. [next to ~ = ~ 옆에]
   →

---

① Who are those people waiting outside?

② The woman sitting next to him(her) is Kate.

DAY 042 ___월 ___일

I wanted a room overlooking the sea.

난 바다를 내려다보고 있는 방을 원했어.

① 사물 + V-ing = ~하고 있는 사물

　a room overlooking the sea = 바다를 내려다보고 있는 방

② '사물'에도 'V-ing'를 붙여서 '~하고 있는 사물'이라고 할 수 있습니다. 이 때 사물은 늘 이 행위를 하고 있는 경우가 태반입니다.

짬짬이 반복해서 써보기 (한 번씩 쓸 때마다 박스에 체크 표시!)

☐ ①

☐ ②

☐ ③

☐ ④

자기 전 응용해서 써보기

※ '사물 + V-ing' 형태를 활용하여 영작해 봅시다.

① 두 도시를 연결하고 있는 다리가 있어요. [connect = 연결하다]

→

② 역으로 이어져 있는 길이 포장되고 있어요. [lead to ~ = ~로 이어지다, pave = 포장하다]

→

① There is a bridge connecting two towns.

② The road leading to the station is being paved.

DAY 043 ___월 ___일

I hurt my knee while playing basketball.

나 농구하는 동안 무릎을 다쳤어.

① while V-ing = ~하는 동안

　while playing basketball = 농구하는 동안

② 'while(동안)' 뒤에는 본래 문장이 오게 마련이지만, 위와 같이 주어 없이 바로 'V-ing'가 와도 무방합니다.

짬짬이 반복해서 써보기　(한 번씩 쓸 때마다 박스에 체크 표시!)

☐ ①

☐ ②

☐ ③

☐ ④

자기 전 응용해서 써보기

※ 'while V-ing' 형태를 활용해 영작해 봅시다.

① 나 스튜를 요리하는 동안 손가락을 데었어. [burn = 데다]

→

② 걔 학교에서 집에 걸어오는 동안 없어졌대. [vanish = 없어지다]

→

---

① I burned my fingers while cooking a stew.

② He(She) vanished while walking home from school.

DAY 044 ___월 ___일

I cut my finger opening a can of tuna.

나 참치 캔 열다가 손가락을 베었어.

① 문장 + V-ing. = ~하다가(하는 동안) ~하다.

I cut my finger opening ~. = ~을 열다가 나 손가락을 베었어.

② '~을 열다가(여는 동안)'을 'while opening ~'이라고 표현할 수 있지만, 'while'을 생략하고 바로 'V-ing'로 시작해도 무방합니다.

짬짬이 반복해서 써보기 (한 번씩 쓸 때마다 박스에 체크 표시!)

☐ ①

☐ ②

☐ ③

☐ ④

자기 전 응용해서 써보기

※ 'V-ing' 형태를 활용해 '~하다가'란 문장을 영작해 봅시다.

① 나 기차에서 내리다가 미끄러져 넘어졌어. [get off ~ = ~에서 내리다]

→

② 걔 차 몰고 직장에 가다가 사고 났대. [drive to ~ = ~로 차를 몰고 가다]

→

---

① I slipped and fell getting off a train.

② He(She) had an accident driving to work.

DAY 045 ___월 ___일

> ## Feeling tired, I went straight home.
>
> ## 피곤해서, 난 집에 곧장 갔어.
>
> ① V-ing, 문장. = ~해서, ~하다.
>
>   Feeling tired, I ~. = 피곤해서, 난 ~했어.
>
> ② 쉼표(,) 앞 'V-ing' 부분은 '~해서, ~이기 때문에'라는 뜻으로 쓸 수 있습니다. (go straight home = 집에 곧장 가다)

짬짬이 반복해서 써보기 (한 번씩 쓸 때마다 박스에 체크 표시!)

☐ ①

☐ ②

☐ ③

☐ ④

자기 전 응용해서 써보기

※ 이번엔 'Not + V-ing, 문장.' 형태를 활용해 영작해 봅시다.

① 현금이 없어서, 나 신용카드로 결제했어. [credit card = 신용카드]

→

② 뭘 해야 할지 몰라서, 난 경찰에 전화했어. [police = 경찰]

→

> ① Not having cash, I paid with my credit card.
>
> ② Not knowing what to do, I called the police.

DAY 046 ___월 ___일

Having had dinner, I went for a walk.

저녁 먹고 나서, 난 산책했어.

① Having p.p., 문장. = ~하고 나서, ~하다.
   Having had dinner, I ~. = 저녁 먹고 나서, 난 ~했어.
② 쉼표(,) 앞 'Having p.p.' 부분은 '~하고 나서, ~한 후에'라는 뜻으로 쓸 수 있습니다. (go for a walk = 산책하다)

짬짬이 반복해서 써보기 (한 번씩 쓸 때마다 박스에 체크 표시!)

☐ ①

☐ ②

☐ ③

☐ ④

자기 전 응용해서 써보기

※ 'Having p.p., 문장.' 형태를 활용해 영작해 봅시다.

① 점심 먹고 나서, 나 커피 한 잔 하러 갔어. [go for ~ = ~을 위해 가다]
   →

② 일 끝마치고 나서, 난 집에 갔어. [go home = 집에 가다]
   →

---

① Having had lunch, I went for a cup of coffee.

② Having finished my work, I went home.

DAY 047 ___월 ___일

I saw you having lunch with Chris.

나 네가 Chris랑 점심 먹고 있는 거 봤어.

① see 사람 V-ing = ~가 ~하고 있는 걸 보다

　see you having ~ = 네가 ~을 먹고 있는 걸 보다

② 'see 사람 V-ing'라고 하면, 내가 그 사람을 목격했을 당시 그 사람이 '하고 있던 중인 일'을 봤다고 할 때 쓸 수 있는 표현입니다.

짬짬이 반복해서 써보기 (한 번씩 쓸 때마다 박스에 체크 표시!)

☐ ①

☐ ②

☐ ③

☐ ④

자기 전 응용해서 써보기

※ 'see 사람 V-ing' 형태를 활용해 영작해 봅시다.

① 나 걔가 길을 따라 걷고 있는 걸 봤어. [along ~ = ~을 따라]

→

② 나 네가 Chris랑 차에 타고 있는 걸 봤어. [get into ~ = ~에 타다]

→

---

① I saw him(her) walking along the street.

② I saw you getting into a car with Chris.

DAY 048 ___월 ___일

I've never seen him act like this before.

난 전에 걔가 이렇게 행동하는 걸 본 적이 없어.

① have never seen 사람 V = ~가 ~한 것을 본 적이 없다

  have never seen him act = 걔가 행동하는 걸 본 적이 없다

② 'have never seen 사람 V'는 내가 지켜봤던 사람이 어떠한 특정 행위를 하는 걸 본 적이 없다고 할 때 쓰는 표현입니다.

짬짬이 반복해서 써보기 (한 번씩 쓸 때마다 박스에 체크 표시!)

☐ ①

☐ ②

☐ ③

☐ ④

자기 전 응용해서 써보기

※ 'have never seen 사람 V' 형태를 활용해 영작해 봅시다.

① 난 걔가 화내는 걸 본 적이 없어. [lose one's temper = 화를 내다]

  →

② 난 네가 하이힐 신는 걸 본 적이 없어. [high heels = 하이힐]

  →

---

① I've never seen him(her) lost his(her) temper.

② I've never seen you wear high heels.

DAY 049 ___월 ___일

> # I have difficulty communicating in English.
>
> ## 나 영어로 소통하는 데에 어려움이 있어.
>
> ① difficulty V-ing = ~하는 데에 어려움
>
>   difficulty communicating = 소통하는 데에 어려움
>
> ② 'difficulty V-ing' 앞에 'have'를 붙여 'have difficulty V-ing'라고 하면 '~하는 데에 어려움이 있다'는 뜻이 됩니다.

짬짬이 반복해서 써보기 (한 번씩 쓸 때마다 박스에 체크 표시!)

☐ ①

☐ ②

☐ ③

☐ ④

자기 전 응용해서 써보기

※ 이번엔 'difficulty' 대신 'trouble(문제)'로 영작해 봅시다.

① 난 사람들 이름을 기억하는 데에 문제가 있어. [remember = 기억하다]

→

② 걔는 밤에 잠을 자는 데에 문제가 있어. [at night = 밤에]

→

> ① I have trouble remembering people's names.
>
> ② He(She) has trouble sleeping at night.

DAY 050 ___월 ___일

I spent the whole night waiting for you.

나 너 기다리느라 밤을 다 보냈어.

① spend 시간 V-ing = ~하느라 시간을 보내다

　spend 시간 waiting for ~ = ~을 기다리느라 시간을 보내다

② 위 문장에서 '나 너 기다리느라 밤을 다 보냈어.'는 '나 밤새도록 너 기다렸어.'라는 말로 더욱 자연스럽게 풀이될 수 있습니다.

짬짬이 반복해서 써보기　(한 번씩 쓸 때마다 박스에 체크 표시!)

☐ ①

☐ ②

☐ ③

☐ ④

자기 전 응용해서 써보기

※ 'spend 시간 V-ing' 형태를 활용해 영작해 봅시다.

① 나 하루 종일 걔 찾아 다녔어. [whole day = 하루 종일]

　→

② 나 이거 고치려고 애쓰느라 몇 시간을 보냈어. [hours = 몇 시간]

　→

---

① I spent the whole day looking for him(her).

② I spent hours trying to fix this thing.

WRITING TEST ___월 ___일

앞서 배운 문장들을 스스로 잘 영작할 수 있는지 영작 테스트를 통해 확인해 보도록 하세요. 영작을 끝내고 난 후엔 몇 개나 맞췄는지 박스(□)에 체크 표시를 해보세요.

(정답 104쪽)

□ 01. Rachel에게 말 걸고 있는 남자 누구야?
→

□ 02. 밖에서 기다리고 있는 저 사람들은 누구야?
→

□ 03. 난 바다를 내려다보고 있는 방을 원했어.
→

□ 04. 두 도시를 연결하고 있는 다리가 있어요.
→

□ 05. 나 농구하는 동안 무릎을 다쳤어.
→

□ 06. 걔 학교에서 집에 걸어오는 동안 없어졌대.
→

□ 07. 나 참치 캔 열다가 손가락을 베었어.
→

□ 08. 걔 차 몰고 직장에 가다가 사고 났대.
→

□ 09. 피곤해서, 난 집에 곧장 갔어.
→

☐ 10. 현금이 없어서, 난 신용카드로 결제했어.
→

☐ 11. 저녁 먹고 나서, 난 산책했어.
→

☐ 12. 일 끝마치고 나서, 난 집에 갔어.
→

☐ 13. 나 네가 Chris랑 점심 먹고 있는 거 봤어.
→

☐ 14. 나 걔가 길을 따라 걷고 있는 걸 봤어.
→

☐ 15. 난 전에 걔가 이렇게 행동하는 걸 본 적이 없어.
→

☐ 16. 난 걔가 화내는 걸 본 적이 없어.
→

☐ 17. 나 영어로 소통하는 데에 어려움이 있어.
→

☐ 18. 난 사람들 이름을 기억하는 데에 문제가 있어.
→

☐ 19. 나 밤새도록 너 기다렸어.
→

☐ 20. 나 하루 종일 걜 찾아 다녔어.
→

정답 확인 나의 점수 : ___ / 20

01. Who is the man talking to Rachel?
02. Who are those people waiting outside?
03. I wanted a room overlooking the sea.
04. There is a bridge connecting two towns.
05. I hurt my knee while playing basketball.
06. He(She) vanished while walking home from school.
07. I cut my finger opening a can of tuna.
08. He(She) had an accident driving to work.
09. Feeling tired, I went straight home.
10. Not having cash, I paid with my credit card.
11. Having had dinner, I went for a walk.
12. Having finished my work, I went home.
13. I saw you having lunch with Chris.
14. I saw him(her) walking along the street.
15. I've never seen him(her) act like this before.
16. I've never seen him(her) lose his(her) temper.
17. I have difficulty communicating in English.
18. I have trouble remembering people's names.
19. I spent the whole night waiting for you.
20. I spent the whole day looking for him(her).

CHAPTER 06

원인, 결과, 목적 말해보기

DAY 051	I trust you because we are friends.
DAY 052	I can't afford to buy it since I'm flat broke.
DAY 053	I couldn't concentrate because of the noise.
DAY 054	I'm having trouble sleeping due to jet lag.
DAY 055	I wasn't feeling well, so I left work early.
DAY 056	Leave early so that you won't miss the train.
DAY 057	I took a sleeping pill, but it didn't work.
DAY 058	I had no choice but to accept his proposal.
DAY 059	I'm saving money to go backpacking.
DAY 060	I need a little more time to think about it.

DAY 051 ___월 ___일

I trust you because we are friends.

난 우리가 친구기 때문에 널 믿어.

① because + 문장 = ~이기 때문에, ~라서, ~니까

because we are friends = 우리가 친구기 때문에

trust 사람 = ~을 믿다(신뢰하다)

② 'because' 뒤에는 반드시 '문장'이 와야 합니다.

짬짬이 반복해서 써보기 (한 번씩 쓸 때마다 박스에 체크 표시!)

☐ ①

☐ ②

☐ ③

☐ ④

자기 전 응용해서 써보기

※ 'because + 문장' 형태를 활용해 영작해 봅시다.

① 네가 나한테 거짓말했었기 때문에 난 널 안 믿어. [lie = 거짓말하다]

→

② 나 아파서 출근 못 했어. [go to work = 출근하다]

→

---

① I don't trust you because you lied to me.

② I couldn't go to work because I was sick.

DAY 052 ___월 ___일

I can't afford to buy it since I'm flat broke.

나 완전 빈털터리라서 이걸 살 형편이 안 돼.

① since + 문장 = ~이기 때문에, ~라서, ~니까

　since I'm flat broke = 나 완전 빈털터리라서

　can't afford to V = ~할 형편이 되지 않다

② 'since' 또한 '~이기 때문에'라는 뜻으로 쓰일 수 있습니다.

짬짬이 반복해서 써보기 (한 번씩 쓸 때마다 박스에 체크 표시!)

☐ ①

☐ ②

☐ ③

☐ ④

자기 전 응용해서 써보기

※ 'since + 문장' 형태를 활용해 영작해 봅시다.

① 나 어젯밤에 늦게 자서 일찍 자야 해. [sleep late = 늦게 자다]

→

② 난 잃을 게 아무것도 없으니 내가 이걸 하겠어. [nothing to V = ~할 아무것도]

→

---

① I need to sleep early since I slept late last night.

② I'll do it since I have nothing to lose.

DAY 053 ___월 ___일

I couldn't concentrate because of the noise.
소음 때문에 난 집중할 수가 없었어.

① because of + 명사 = ~ 때문에, ~로 인해

  because of the noise = 소음 때문에

  concentrate = 집중하다 / noise = 소음

② 'because of' 뒤에는 반드시 문장이 아닌 '명사'가 와야 합니다.

짬짬이 반복해서 써보기 (한 번씩 쓸 때마다 박스에 체크 표시!)

☐ ①

☐ ②

☐ ③

☐ ④

자기 전 응용해서 써보기

※ 'because of + 명사' 형태를 활용해 영작해 봅시다.

① 그들은 성격 차이 때문에 이혼했어요. [divorce = 이혼하다]

  →

② 비 때문에 게임이 취소됐어요. [be called off = 취소되다]

  →

---

① They divorced because of personality difference.

② The game has been called off because of rain.

DAY 054 ___월 ___일

I'm having trouble sleeping due to jet lag.

나 시차 때문에 자자는 데에 문제가 있어.

① due to + 명사 = ~ 때문에, ~로 인해

　due to jet lag = 시차 때문에

　have trouble V-ing = ~하는 데에 문제가 있다

② 'due to' 역시 뒤에 문장이 아닌 '명사'가 와야 합니다.

짬짬이 반복해서 써보기　(한 번씩 쓸 때마다 박스에 체크 표시!)

☐ ①

☐ ②

☐ ③

☐ ④

자기 전 응용해서 써보기

※ 'due to + 명사' 형태를 활용해 영작해 봅시다.

① James는 건강이 나빠서 일을 그만뒀어요. [poor health = 나쁜 건강]

　→

② 짙은 안개 때문에 비행기가 지연됐어요. [heavy fog = 짙은 안개]

　→

---

① James quit his job due to his poor health.

② The flight has been delayed due to heavy fog.

DAY 055 ___월 ___일

I wasn't feeling well, so I left work early.

나 몸이 좋지 않았거든, 그래서 일찍 퇴근했어.

① so + 문장 = 그래서 ~하다

　　so I left work early = 그래서 난 일찍 퇴근했다

　　feel well = 몸(컨디션)이 좋다 / leave work early = 일찍 퇴근하다

② 'so'는 앞에 나온 문장과 연결되어 '~라서'라고도 풀이됩니다.

짬짬이 반복해서 써보기　(한 번씩 쓸 때마다 박스에 체크 표시!)

☐ ①

☐ ②

☐ ③

☐ ④

자기 전 응용해서 써보기

※ 'so+ 문장' 형태를 활용해 영작해 봅시다.

① 나 늦게까지 일해야 해서 오늘밤에 너 못 봐. [late = 늦게]

　→

② 원피스가 매진돼서 이걸 살 수 없었어. [be sold out = 매진되다]

　→

---

① I have to work late, so I can't see you tonight.

② The dress was sold out, so I couldn't buy it.

DAY 056 ___월 ___일

Leave early so that you won't miss the train.

너 기차 놓치지 않으려면 일찍 떠나.

① so that + 문장 = ~하기 위해, ~하려면, ~하도록

   so that you won't miss ~ = 너 ~을 놓치지 않으려면

  leave early = 일찍 떠나다(출발하다)

② 문장1 so that 문장2. = 문장2하도록 문장1을 하라.

짬짬이 반복해서 써보기 (한 번씩 쓸 때마다 박스에 체크 표시!)

☐ ①

☐ ②

☐ ③

☐ ④

자기 전 응용해서 써보기

※ 'so that + 문장' 형태를 활용해 영작해 봅시다.

① 고기가 타지 않게 고기를 몇 번 뒤집어. [turn = 뒤집다, burn = 타다]

   →

② 상쾌한 기분이 들도록 충분히 자도록 해. [feel refreshed = 상쾌한 기분이 들다]

   →

---

① Turn the meat a few times so that it won't burn.

② Get enough sleep so that you feel refreshed.

DAY 057 ___월 ___일

> # I took a sleeping pill, but it didn't work.
>
> ## 나 수면제를 먹었거든, 하지만 이게 효과가 없었어.
>
> ① but + 문장 = 하지만 ~하다
>
> but it didn't work = 하지만 이게 효과가 없었다
>
> take a pill = 약을 먹다 / sleeping pill = 수면제
>
> ② 'but'는 앞에 나온 문장과 연결되어 '~이지만'이라고도 풀이됩니다.

짬짬이 반복해서 써보기 (한 번씩 쓸 때마다 박스에 체크 표시!)

☐ ①

☐ ②

☐ ③

☐ ④

자기 전 응용해서 써보기

※ 'but+ 문장' 형태를 활용해 영작해 봅시다.

① 이런 말하긴 싫지만, 나 네 도움이 필요해. [hate to V = ~하기 싫다]

→

② 나 전에 걜 만난 적이 있지만, 걜 못 알아보겠어. [place = 알아보다]

→

> ① I hate to say it, but I need your help.
>
> ② I've seen him(her) before, but I can't place him(her).

DAY 058 ___월 ___일

I had no choice but to accept his proposal.

난 그 사람의 제안을 받아들일 수밖에 없었어.

① have no choice but to V = ~할 수밖에 없다

　have no choice but to accept = 받아들일 수밖에 없다

　proposal = 제안

② 위 표현은 '~하는 것 외엔 선택의 여지가 없다'라고도 풀이됩니다.

짬짬이 반복해서 써보기 (한 번씩 쓸 때마다 박스에 체크 표시!)

☐ ①

☐ ②

☐ ③

☐ ④

자기 전 응용해서 써보기

※ 'have no choice but to V' 형태를 활용해 영작해 봅시다.

① 전 그 사람을 따를 수밖에 없어요. [obey = 따르다, 복종하다]

→

② 전 계약서에 사인할 수밖에 없었어요. [contract = 계약서]

→

① I have no choice but to obey him(her).

② I had no choice but to sign the contract.

DAY 059 ___월 ___일

> # I'm saving money to go backpacking.
>
> ## 나 배낭여행 가려고 돈을 모으고 있어.
>
> ① to V = ~하기 위해, ~하려고
>
>   to go backpacking = 배낭여행을 가기 위해(가려고)
>
>   save money = 돈을 모으다, 돈을 절약하다
>
> ② 'to V'는 위와 같이 '목적'을 나타낼 때 매우 많이 쓰입니다.

짬짬이 반복해서 써보기 (한 번씩 쓸 때마다 박스에 체크 표시!)

☐ ① _____

☐ ② _____

☐ ③ _____

☐ ④ _____

자기 전 응용해서 써보기

※ 'to V' 형태를 활용해 영작해 봅시다.

① 걘 게임에 이기려고 비열한 수단을 썼어. [mean trick = 비열한 수단]

    → _____

② 거기 정각에 도착하려면 우리 지금 출발해야 해. [on time = 정각에]

    → _____

> ① He(She) used a mean trick to win the game.
>
> ② We have to leave now to get there on time.

DAY 060 ___월 ___일

I need a little more time to think about it.

나 이것에 대해 생각할 시간이 좀 더 필요해.

① time to V = ~할 시간

　time to think about it = 이것에 대해 생각할 시간

　a little more ~ = 좀 더 많은 ~

② 'time' 외에 'money'를 넣어 '~할 돈'이라는 표현도 많이 씁니다.

짬짬이 반복해서 써보기 (한 번씩 쓸 때마다 박스에 체크 표시!)

☐ ①
☐ ②
☐ ③
☐ ④

자기 전 응용해서 써보기

※ 'time to V' 형태를 활용해 영작해 봅시다.

① 나 준비할 시간이 좀 더 필요해. [prepare = 준비하다]

→

② 나 지금 당장 너한테 말할 시간 없어. [talk to ~ = ~에게 말하다]

→

① I need a little more time to prepare.
② I don't have time to talk to you right now.

WRITING TEST ___월 ___일

> 앞서 배운 문장들을 스스로 잘 영작할 수 있는지 영작 테스트를 통해 확인해 보도록 하세요. 영작을 끝내고 난 후엔 몇 개나 맞췄는지 박스(□)에 체크 표시를 해보세요.
>
> (정답 118쪽)

☐ 01. 난 우리가 친구기 때문에 널 믿어. (because 이용)
→

☐ 02. 나 아파서 출근 못 했어. (because 이용)
→

☐ 03. 나 완전 빈털터리라서 이걸 살 형편이 안 돼. (since 이용)
→

☐ 04. 난 잃을 게 아무것도 없으니 내가 이걸 하겠어. (since 이용)
→

☐ 05. 소음 때문에 난 집중할 수가 없었어. (because of 이용)
→

☐ 06. 그들은 성격 차이 때문에 이혼했어요. (because of 이용)
→

☐ 07. 나 시차 때문에 잠자는 데에 문제가 있어. (due to 이용)
→

☐ 08. 짙은 안개 때문에 비행기가 지연됐어요. (due to 이용)
→

☐ 09. 나 몸이 좋지 않았거든, 그래서 일찍 퇴근했어.
→

☐ 10. 나 늦게까지 일해야 해서 오늘밤에 너 못 봐.
→

☐ 11. 너 기차 놓치지 않으려면 일찍 떠나.
→

☐ 12. 고기가 타지 않게 고기를 몇 번 뒤집어.
→

☐ 13. 나 수면제를 먹었거든, 하지만 이게 효과가 없었어.
→

☐ 14. 이런 말 하긴 싫지만, 나 네 도움이 필요해.
→

☐ 15. 난 그 사람의 제안을 받아들일 수밖에 없었어.
→

☐ 16. 전 계약서에 사인할 수밖에 없었어요.
→

☐ 17. 나 배낭여행 가려고 돈을 모으고 있어.
→

☐ 18. 걘 게임에 이기려고 비열한 수단을 썼어.
→

☐ 19. 나 이것에 대해 생각할 시간이 좀 더 필요해.
→

☐ 20. 나 지금 당장 너한테 말할 시간 없어.
→

정답 확인 | 나의 점수 : ___ / 20

01. I trust you because we are friends.
02. I couldn't go to work because I was sick.
03. I can't afford to buy it since I'm flat broke.
04. I'll do it since I have nothing to lose.
05. I couldn't concentrate because of the noise.
06. They divorced because of personality difference.
07. I'm having trouble sleeping due to jet lag.
08. The flight has been delayed due to heavy fog.
09. I wasn't feeling well, so I left work early.
10. I have to work late, so I can't see you tonight.
11. Leave early so that you won't miss the train.
12. Turn the meat a few times so that it won't burn.
13. I took a sleeping pill, but it didn't work.
14. I hate to say it, but I need your help.
15. I had no choice but to accept his(her) proposal.
16. I had no choice but to sign the contract.
17. I'm saving money to go backpacking.
18. He(She) used a mean trick to win the game.
19. I need a little more time to think about it.
20. I don't have time to talk to you right now.

CHAPTER 07

간접 질문 & 남의 말 전달하기

DAY 061	Do you know where the bus stop is?
DAY 062	Do you know what time the meeting is?
DAY 063	Can you tell me where I can find him?
DAY 064	Do you have any idea how much it will cost?
DAY 065	I wonder why he can't do anything right.
DAY 066	I wonder if you can come this Friday.
DAY 067	He said that Chris had a new job.
DAY 068	He told me that Jim moved to New York.
DAY 069	He asked me what I knew about it.
DAY 070	He asked if I could lend him my car.

DAY 061 ___월 ___일

Do you know where the bus stop is?

버스 정류장이 어디 있는지 아시나요?

① Where is A? = A는 어디에 있나요?
　Do you know where A is? = A가 어디에 있는지 아시나요?
② 위와 같이 'Do you know where ~?'과 같은 질문에서는 'where' 뒤에 나오는 주어와 동사의 순서가 뒤바뀝니다.

짬짬이 반복해서 써보기 (한 번씩 쓸 때마다 박스에 체크 표시!)

☐ ①

☐ ②

☐ ③

☐ ④

자기 전 응용해서 써보기

※ 'where' 외에도 'when, what'를 넣어서 영작해 봅시다.

① 버스가 언제 오는지 아시나요? [come = 오다]
　→

② 너 뭐가 문제인지 알아? [problem = 문제]
　→

---
① Do you know when the bus comes?
② Do you know what the problem is?

DAY 062 ___월 ___일

Do you know what time the meeting is?

회의가 몇 시인지 아시나요?

① What time is A? = A가 몇 시인가요?

　Do you know what time A is? = A가 몇 시인지 아시나요?

② 'Do you know where/when/what/who/how/why ~?'로 시작되는 질문에서는 의문사 뒤에 나오는 주어와 동사의 순서가 바뀝니다.

짬짬이 반복해서 써보기 (한 번씩 쓸 때마다 박스에 체크 표시!)

☐ ①

☐ ②

☐ ③

☐ ④

자기 전 응용해서 써보기

※ 'Do you know what time ~?' 문형을 영작해 봅시다.

① 너 지금 몇 시인지 알아? [time = 시각, 시간]

　→

② 가게가 몇 시에 문을 여는지 아시나요? [open = 열다]

　→

---

① Do you know what time it is now?

② Do you know what time the store opens?

DAY 063 ___월 ___일

Can you tell me where I can find him?
내가 어디서 걔를 찾을 수 있을지 내게 말해줄 수 있어?

① Where can I find ~? = 내가 어디서 ~를 찾을 수 있을까?

Can you tell me where I can find ~?

= 내가 어디서 ~를 찾을 수 있을지 내게 말해줄 수 있어?

② 'Can you tell me'는 '말해 줄래'라고 풀이될 수 있습니다.

짬짬이 반복해서 써보기 (한 번씩 쓸 때마다 박스에 체크 표시!)

☐ ①
☐ ②
☐ ③
☐ ④

자기 전 응용해서 써보기

※ 'Can you tell me ~?' 문형을 영작해 봅시다.

① Beak 씨의 사무실이 어딘지 말씀해 주시겠어요? [office = 사무실]
→

② 차이점이 무엇인지 말씀해 주실 수 있나요? [difference = 차이점]
→

---

① Can you tell me where Mr. Beak's office is?

② Can you tell me what the difference is?

DAY 064 ___월 ___일

Do you have any idea how much it will cost?

이게 가격이 얼마인지 아시겠어요?

① How much will it cost? = 이게 가격이 얼마일까요?

　Do you have any idea how much it will cost?

　= 이게 가격이 얼마인지 아시겠어요?

② 이 질문 유형 역시 의문사 뒤에 나오는 주어와 동사의 위치가 뒤바뀝니다.

짬짬이 반복해서 써보기 (한 번씩 쓸 때마다 박스에 체크 표시!)

☐ ①

☐ ②

☐ ③

☐ ④

자기 전 응용해서 써보기

※ 'Do you have any idea ~?' 문형을 영작해 봅시다.

① 우리가 어딜 가고 있는 건지 너 알고는 있는 거야? [go = 가다]

→

② 그들이 널 왜 선택했는지 알고 있니? [choose = 선택하다]

→

---

① Do you have any idea where we are going?

② Do you have any idea why they chose you?

DAY 065 ___월 ___일

I wonder why he can't do anything right.

나는 걔가 왜 뭐든 제대로 못하는지 궁금해.

① Why can't he do? = 걔는 왜 못하는 거야?

　I wonder why he can't do. = 나 걔가 왜 못하는지 궁금해.

　do something right = 어떤 일을 옳게(제대로) 하다

② 'I wonder'는 '난 궁금해, 난 모르겠어'라고 풀이하시면 됩니다.

짬짬이 반복해서 써보기 (한 번씩 쓸 때마다 박스에 체크 표시!)

☐ ①

☐ ②

☐ ③

☐ ④

자기 전 응용해서 써보기

※ 'I wonder ~.' 문형을 영작해 봅시다.

① 난 걔가 왜 나한테 말을 안 했었는지 궁금해. [tell = 말하다, 알리다]

→

② 나 내가 차 키를 어디에 뒀는지 모르겠어. [put = 놓다]

→

---

① I wonder why he(she) didn't tell me.

② I wonder where I put my car key.

DAY 066 ___월 ___일

I wonder if you can come this Friday.
난 네가 이번 주 금요일에 올 수 있을지 궁금해.

① I wonder if 문장. = 난 ~일지 궁금해.

   I wonder if you can come this Friday.

   = 난 네가 이번 주 금요일에 올 수 있을지 궁금해.

② 위 표현은 '~인지 여부가 궁금하다'란 표현으로 이해하시면 됩니다.

짬짬이 반복해서 써보기 (한 번씩 쓸 때마다 박스에 체크 표시!)

☐ ①

☐ ②

☐ ③

☐ ④

자기 전 응용해서 써보기

※ 'I wonder if ~.' 문형을 영작해 봅시다.

① 제가 이걸 환불 받을 수 있을지 궁금합니다. [get a refund = 환불 받다]

   →

② 내가 널 얼마나 많이 사랑하는지 네가 알고는 있나 궁금해. [love = 사랑하다]

   →

---

① I wonder if I can get a refund on this.

② I wonder if you know how much I love you.

DAY 067 ___월 ___일

He said that Chris had a new job.

걔가 Chris가 새 직장을 구했다 그러더라고.

① 사람 said that 문장. = ~가 ~라 그러더라고.

He said that 문장. = 걔가 ~라 그러더라고.

have a new job = 새 직장을 갖다, 새 직장에서 일하다

② 'that' 뒤에 나오는 문장 역시 'said'에 맞춰 과거형으로 말해야 합니다.

짬짬이 반복해서 써보기 (한 번씩 쓸 때마다 박스에 체크 표시!)

☐ ①

☐ ②

☐ ③

☐ ④

자기 전 응용해서 써보기

※ '사람 said that 문장.' 문형을 영작해 봅시다.

① Kate가 자긴 노트북을 사고 싶다 그러더라고. [laptop = 노트북]

→

② Jim이 자긴 최근에 Chris를 못 봤다 그러더라고. [recently = 최근]

→

---

① Kate said that she wanted to buy a laptop.

② Jim said that he hadn't seen Chris recently.

DAY 068 ___월 ___일

He told me that Jim moved to New York.

걔가 나한테 Jim이 뉴욕으로 이사 갔다 그러더라고.

① 사람 told me that 문장. = ~가 나한테 ~라 그러더라고.

He told me that 문장. = 걔가 나한테 ~라 그러더라고.

move to ~ = ~로 이사를 가다, ~로 거처를 옮기다

② 여기서도 'that' 뒤 문장은 'told'에 맞춰 과거형으로 말해야 합니다.

짬짬이 반복해서 써보기 (한 번씩 쓸 때마다 박스에 체크 표시!)

☐ ①

☐ ②

☐ ③

☐ ④

자기 전 응용해서 써보기

※ '사람 told me that 문장.' 문형을 영작해 봅시다.

① Kate가 나한테 자긴 일 그만뒀다 그러더라고. [quit = 그만두다]

→

② Jim이 나한테 자긴 중국에 두 번 가봤다 그러더라고. [twice = 두 번]

→

---

① Kate told me that she quit her job.

② Jim told me that he had been to China twice.

DAY 069 ___월 ___일

He asked me what I knew about it.

내가 여기에 대해 뭘 알고 있는지 걔가 물어보더라고.

① 사람 asked me ~. = ~를 ~가 나한테 물어보더라고.
　He asked me ~. = ~를 걔가 나한테 물어보더라고.
② '~' 부분에 들어가는 문장은 'asked'에 맞춰 과거형으로 써야 하며, 위 문형은 '~를 ~가 물어보더라고'라고 해석하시면 됩니다.

짬짬이 반복해서 써보기 (한 번씩 쓸 때마다 박스에 체크 표시!)

☐ ①
☐ ②
☐ ③
☐ ④

자기 전 응용해서 써보기

※ '사람 asked me ~.' 문형을 영작해 봅시다.

① 내가 어디 살고 있는지 걔가 물어보더라고. [live = 살다]
　→
② 내가 왜 돌아왔는지 걔가 물어보더라고. [come back = 돌아오다]
　→

① He(She) asked me where I was living.
② He(She) asked me why I had come back.

DAY 070 ___월 ___일

He asked me if I could lend him my car.

내가 걔한테 차를 빌려줄 수 있을지 걔가 물어보더라고.

① 사람 asked me if 문장. = ~인지 ~가 나한테 물어보더라고.

He asked me if 문장. = ~인지 걔가 나한테 물어보더라고.

lend 사람 A = ~에게 A를 빌려주다

② 'if' 뒤 문장 역시 'asked'에 맞춰 과거형으로 말해 줍니다.

짬짬이 반복해서 써보기 (한 번씩 쓸 때마다 박스에 체크 표시!)

☐ ①

☐ ②

☐ ③

☐ ④

자기 전 응용해서 써보기

※ '사람 asked me if 문장.' 문형을 영작해 봅시다.

① 내가 결혼을 했는지 그 사람이 물어보더라고. [be married = 결혼하다]

→

② 내가 걔랑 갈 수 있을지 걔가 물어보더라고. [go with ~ = ~와 가다]

→

---

① He(She) asked me if I was married.

② He(She) asked me if I could go with him(her).

WRITING TEST ___월 ___일

> 앞서 배운 문장들을 스스로 잘 영작할 수 있는지 영작 테스트를 통해 확인해 보도록 하세요. 영작을 끝내고 난 후엔 몇 개나 맞췄는지 박스(□)에 체크 표시를 해보세요.
>
> (정답 132쪽)

□ 01. 버스 정류장이 어디 있는지 아시나요?
→

□ 02. 너 뭐가 문제인지 알아?
→

□ 03. 회의가 몇 시인지 아시나요?
→

□ 04. 가게가 몇 시에 문을 여는지 아시나요?
→

□ 05. 내가 어디서 걜 찾을 수 있을지 내게 말해줄 수 있어?
→

□ 06. 차이점이 무엇인지 말씀해 주실 수 있나요?
→

□ 07. 이게 가격이 얼마인지 아시겠어요?
→

□ 08. 우리가 어딜 가고 있는 건지 너 알고는 있는 거야?
→

□ 09. 나는 걔가 왜 뭐든 제대로 못하는지 궁금해.
→

☐ 10. 나 내가 차 키를 어디에 뒀는지 모르겠어.
→

☐ 11. 난 네가 이번 주 금요일에 올 수 있을지 궁금해.
→

☐ 12. 제가 이걸 환불 받을 수 있을지 궁금합니다.
→

☐ 13. 걔가 Chris가 새 직장 구했다 그러더라고.
→

☐ 14. Jim이 자긴 최근에 Chris를 못 봤다 그러더라고.
→

☐ 15. 걔가 나한테 Jim이 뉴욕으로 이사 갔다 그러더라고.
→

☐ 16. Kate가 나한테 자긴 일 그만뒀다 그러더라고.
→

☐ 17. 내가 여기에 대해 뭘 알고 있는지 걔가 물어보더라고.
→

☐ 18. 내가 어디 살고 있는지 걔가 물어보더라고.
→

☐ 19. 내가 걔한테 차를 빌려줄 수 있을지 걔가 물어보더라고.
→

☐ 20. 내가 결혼을 했는지 그 사람이 물어보더라.
→

| 정답 확인 | 나의 점수 : ___ / 20 |

01. Do you know where the bus stop is?
02. Do you know what the problem is?
03. Do you know what time the meeting is?
04. Do you know what time the store opens?
05. Can you tell me where I can find him(her)?
06. Can you tell me what the difference is?
07. Do you have any idea how much it will cost?
08. Do you have any idea where we are going?
09. I wonder why he(she) can't do anything right.
10. I wonder where I put my car key.
11. I wonder if you can come this Friday.
12. I wonder if I can get a refund on this.
13. He(She) said that Chris had a new job.
14. Jim said that he hadn't seen Chris recently.
15. He(She) told me that Jim moved to New York.
16. Kate told me that she quit her job.
17. He(She) asked me what I knew about it.
18. He(She) asked me where I was living.
19. He(She) asked me if I could lend him(her) my car.
20. He(She) asked me if I was married.

CHAPTER 08

상대적으로 비교하며 말해보기

DAY 071	It is cheaper to buy in bulk.
DAY 072	I arrived home earlier than I expected.
DAY 073	I know him better than anyone.
DAY 074	My elder sister is four years older than me.
DAY 075	It was more difficult than I thought.
DAY 076	Could you speak more slowly, please?
DAY 077	I'm feeling much better than yesterday.
DAY 078	It is getting more and more complicated.
DAY 079	It was the happiest day of my life.
DAY 080	When is the most convenient time for you?

DAY 071 ___월 ___일

> ## It is cheaper to buy in bulk.
>
> ## 대량 구입하는 게 더 저렴해.
>
> ① It is cheap to buy in bulk. = 대량 구입하는 게 저렴해.
>   It is cheaper to buy in bulk. = 대량 구입하는 게 더 저렴해.
> ② 위에서 볼 수 있듯이, '더 ~한'이라고 상대적으로 비교하며 강조하고 싶을 땐 형용사나 부사 뒤에 'er'을 붙여서 말하면 됩니다.

짬짬이 반복해서 써보기 (한 번씩 쓸 때마다 박스에 체크 표시!)

☐ ①
☐ ②
☐ ③
☐ ④

자기 전 응용해서 써보기

※ 'g'로 끝나는 단어는 'g'를 한 번 더 쓰고 뒤에 'er'을 붙입니다.

① 내가 더 큰 집을 가졌다면 좋았을 텐데. [big = 큰]
   →

② 너 왜 나한테 더 빨리 말 안 했어? [soon = 빨리]
   →

> ① I wish I had a bigger house.
> ② Why didn't you tell me sooner?

DAY 072 ___월 ___일

I arrived home earlier than I expected.

나 내가 예상했던 것보다 더 일찍 집에 도착했어.

① I arrived home early. = 나 집에 일찍 도착했어.

  I arrived home earlier. = 나 집에 더 일찍 도착했어.

  than I expected = 내가 예상했던 것보다

② 'y'로 끝나는 단어는 'y'를 'i'로 고친 뒤 그 뒤에 'er'을 붙입니다.

짬짬이 반복해서 써보기 (한 번씩 쓸 때마다 박스에 체크 표시!)

☐ ①

☐ ②

☐ ③

☐ ④

자기 전 응용해서 써보기

※ 이번엔 'than ~(~보다)'라는 표현까지 넣어서 영작해 봅시다.

① 방이 내가 예상했던 것보다 더 작았어. [small = 작은]

  →

② 일이 내가 생각했던 것보다 더 힘들었어. [hard = 힘든]

  →

---

① The room was smaller than I expected.

② The work was harder than I thought.

DAY 073 ___월 ___일

> # I know him better than anyone.
>
> ## 난 누구보다도 그 사람을 더 잘 알아.
>
> ① I know him well. = 난 그 사람을 잘 알아.
>
>   I know him better. = 난 그 사람을 더 잘 알아.
>
> ② 위와 같이, 단어들 중엔 'er'을 붙이는 것이 아니라 완전히 다른 형태로 바꿔 말해야 하는 것들이 있으니 이에 주의해야 합니다.

짬짬이 반복해서 써보기 (한 번씩 쓸 때마다 박스에 체크 표시!)

☐ ①

☐ ②

☐ ③

☐ ④

자기 전 응용해서 써보기

※ 'good'의 강조형은 'better', 'bad'의 강조형은 'worse'입니다.

① 너 사진보다 더 나아 보여. [look = ~로/하게 보이다]

→

② 상황이 내가 생각했던 것보다 더 나빠. [situation = 상황]

→

> ① You look better than your picture.
>
> ② The situation is worse than I thought.

DAY 074 ___월 ___일

My elder sister is four years older than me.

내 누나는 나보다 4살 더 많아.

① A is old. = A는 나이가 많아.

　A is older than me. = A는 나보다 나이가 더 많아.

　A is my elder sister. = A는 내 누나/언니야.

② '누나, 언니, 형, 오빠' 등을 말할 때엔 'elder'를 써야 합니다.

짬짬이 반복해서 써보기 (한 번씩 쓸 때마다 박스에 체크 표시!)

☐ ①

☐ ②

☐ ③

☐ ④

자기 전 응용해서 써보기

※ 'older, elder'를 활용해 아래 문장들을 영작해 봅시다.

① 걔는 자기 형보다 키가 더 커. [tall = 키가 큰]

　→

② 걔는 자기 나이보다 더 나이 들어 보여. [age = 나이]

　→

① He is taller than his elder brother.

② He(She) looks older than his(her) age.

DAY 075 ___월 ___일

It was more difficult than I thought.

이거 내가 생각했던 것보다 더 어려웠어.

① I was difficult. = 이건 어려웠어.

   I was more difficult. = 이건 더 어려웠어.

② 위와 같이, 단어들 중 모음이 3개 이상 들어가 발음되는 단어들은 'er'이 아닌 앞에 'more'을 붙여서 강조해 주게 됩니다.

짬짬이 반복해서 써보기 (한 번씩 쓸 때마다 박스에 체크 표시!)

☐ ①

☐ ②

☐ ③

☐ ④

자기 전 응용해서 써보기

※ 이번엔 'more'를 활용하여 아래 문장들을 영작해 봅시다.

① 상황이 우리가 생각하는 것보다 더 심각해요. [serious = 심각한]

   →

② 그 무엇도 건강보다 더 중요하진 않아. [important = 중요한]

   →

---

① The situation is more serious than we think.

② Nothing is more important than health.

DAY 076 ___월 ___일

Could you speak more slowly, please?

더 천천히 말씀해 주실 수 있나요?

① speak slowly = 천천히 말하다

　speak more slowly = 더 천천히 말하다

　Could you V, please? = ~해 주실 수 있나요? (정중한 요청)

② 'ly'로 끝나는 부사들 대부분은 앞에 'more'을 붙여 강조합니다.

짬짬이 반복해서 써보기　(한 번씩 쓸 때마다 박스에 체크 표시!)

☐ ①

☐ ②

☐ ③

☐ ④

자기 전 응용해서 써보기

※ "ly'로 끝나는 부사 앞에 'more'를 붙여 아래를 영작해 봅시다.

① 이를 더 알기 쉽게 설명해 주실 수 있나요? [clearly = 알기 쉽게, 분명하게]

　→

② 우린 이를 더 심각하게 받아들여야 합니다. [seriously = 심각하게]

　→

---

① Could you explain it more clearly, please?

② We need to take it more seriously.

DAY 077 ___월 ___일

I'm feeling much better than yesterday.

나 어제보다 기분이 훨씬 더 나아.

① I'm feeling good. = 나 기분이 괜찮아.

I'm feeling better. = 나 기분이 더 나아.

I'm feeling much better. = 나 기분이 훨씬 더 나아.

② 위와 같이 앞에 'much(훨씬)'을 붙이면 뜻이 더욱 강조됩니다.

짬짬이 반복해서 써보기 (한 번씩 쓸 때마다 박스에 체크 표시!)

☐ ①

☐ ②

☐ ③

☐ ④

자기 전 응용해서 써보기

※ 'much'와 함께 'make A ~(A를 ~하게 하다)'로 영작해 봅시다.

① 난 이게 내 일을 훨씬 더 쉽게 해준다고 봐. [easy = 쉬운]

→

② 이건 널 훨씬 더 매력적으로 보이게 해줄 거야. [attractive = 매력적인]

→

① I think it makes my work much easier.

② It will make you look much more attractive.

DAY 078 ___월 ___일

It is getting more and more complicated.

이건 점점 더 복잡해지고 있어요.

① It is getting more complicated. = 이건 더 복잡해지고 있어요.

It is getting more and more complicated.

= 이건 점점 더 복잡해지고 있어요.

② 강조 표현을 반복하면 '점점 더 ~한'이라는 뜻으로 더욱 강조됩니다.

짬짬이 반복해서 써보기 (한 번씩 쓸 때마다 박스에 체크 표시!)

☐ ①

☐ ②

☐ ③

☐ ④

자기 전 응용해서 써보기

※ '점점 더 ~한'이라는 표현을 넣어 아래를 영작해 봅시다.

① 이야기가 점점 더 흥미로워지고 있어. [interesting = 흥미로운]

→

② 날씨가 점점 더 더워지고 있어. [hot = 더운]

→

① The story is getting more and more interesting.

② The weather is getting hotter and hotter.

DAY 079 ___월 ___일

It was the happiest day of my life.

이건 내 삶에서 가장 행복한 날이었어.

① happy day = 행복한 날

happier day = 더 행복한 날

It was the happiest day = 이건 가장 행복한 날이었어.

② '가장 ~한'이라고 말할 때엔 '(i)est'를 붙여서 표현하면 됩니다.

짬짬이 반복해서 써보기 (한 번씩 쓸 때마다 박스에 체크 표시!)

☐ ①

☐ ②

☐ ③

☐ ④

자기 전 응용해서 써보기

※ '가장 ~한'이라고 말할 땐 대부분 앞에 'the'를 꼭 붙입니다.

① 조깅은 살을 빼는 가장 쉬운 방법이야. [way to V = ~하는 방법]

→

② 당신이 가진 가장 저렴한 모델이 뭔가요? [model = 모델]

→

---

① Jogging is the easiest way to lose weight.

② What is the cheapest model that you have?

DAY 080 ___월 ___일

When is the most convenient time for you?

너한테 가장 편한 시간이 언제야?

① convenient = 편리한 / more convenient = 더 편리한

When is the most convenient time for you?

= 너한테 가장 편리한(편한) 시간이 언제야?

② 3개 이상의 모음으로 발음되는 단어들은 'most'를 써서 말합니다.

짬짬이 반복해서 써보기 (한 번씩 쓸 때마다 박스에 체크 표시!)

☐ ①

☐ ②

☐ ③

☐ ④

자기 전 응용해서 써보기

※ 이번엔 'most'를 활용하여 '가장 ~한'이란 표현으로 영작해 보세요.

① 가장 인상 깊은 장소는 어디였어? [memorable = 인상 깊은]

→

② 이것이 시장에서 가장 인기 있는 모델입니다. [popular = 인기 있는, market = 시장]

→

---

① Where was the most memorable place?

② This is the most popular model on the market.

WRITING TEST ___월 ___일

> 앞서 배운 문장들을 스스로 잘 영작할 수 있는지 영작 테스트를 통해 확인해 보도록 하세요. 영작을 끝내고 난 후엔 몇 개나 맞췄는지 박스(□)에 체크 표시를 해보세요.
>
> (정답 146쪽)

☐ 01. 대량 구입하는 게 더 저렴해.
→

☐ 02. 너 왜 나한테 더 빨리 말 안 했어?
→

☐ 03. 나 내가 예상했던 것보다 더 일찍 집에 도착했어.
→

☐ 04. 일이 내가 생각했던 것보다 더 힘들었어.
→

☐ 05. 난 누구보다도 그 사람을 더 잘 알아.
→

☐ 06. 상황이 내가 생각했던 것보다 더 나빠.
→

☐ 07. 내 누나는 나보다 4살 더 많아.
→

☐ 08. 걔는 자기 나이보다 더 나이 들어 보여.
→

☐ 09. 이거 내가 생각했던 것보다 더 어려웠어.
→

☐ 10. 상황이 우리가 생각하는 것보다 더 심각해요.
　→

☐ 11. 더 천천히 말씀해 주실 수 있나요?
　→

☐ 12. 우린 이를 더 심각하게 받아들여야 합니다.
　→

☐ 13. 나 어제보다 기분이 훨씬 더 나아.
　→

☐ 14. 난 이게 내 일을 훨씬 더 쉽게 해준다고 봐.
　→

☐ 15. 이건 점점 더 복잡해지고 있어요.
　→

☐ 16. 날씨가 점점 더 더워지고 있어요.
　→

☐ 17. 이건 내 삶에서 가장 행복한 날이었어.
　→

☐ 18. 조깅은 살을 빼는 가장 쉬운 방법이야.
　→

☐ 19. 너한테 가장 편한 시간이 언제야?
　→

☐ 20. 이것이 시장에서 가장 인기 있는 모델입니다.
　→

정답 확인 | 나의 점수 : ___ / 20

01. It is cheaper to buy in bulk.
02. Why didn't you tell me sooner?
03. I arrived home earlier than I expected.
04. The work was harder than I thought.
05. I know him(her) better than anyone.
06. The situation is worse than I thought.
07. My elder sister is four years older than me.
08. He(She) looks older than his(her) age.
09. It was more difficult than I thought.
10. The situation is more serious than we think.
11. Could you speak more slowly, please?
12. We need to take it more seriously.
13. I'm feeling much better than yesterday.
14. I think it makes my work much easier.
15. It is getting more and more complicated.
16. The weather is getting hotter and hotter.
17. It was the happiest day of my life.
18. Jogging is the easiest way to lose weight.
19. When is the most convenient time for you?
20. This is the most popular model on the market.

CHAPTER 09

강약을 살려 말해보기

DAY 081	I was so tired that I went to bed early.
DAY 082	I haven't seen him for so long.
DAY 083	It is so cold that I can't even breathe well.
DAY 084	I think this file is too big to be uploaded.
DAY 085	This house is not big enough for us.
DAY 086	I don't have enough money to buy it.
DAY 087	This is quite a serious problem.
DAY 088	I don't quite understand what you mean.
DAY 089	I had such a good time last night.
DAY 090	There is no such thing as ghosts.

DAY 081 ___월 ___일

> # I was so tired that I went to bed early.
>
> ## 난 너무 피곤해서 일찍 잠자리에 들었어.
>
> ① so 형용사 that 문장 = 너무 ~해서 ~하다
>
>   I was so tired that I went to bed early.
>
>   = 나 너무 피곤해서 일찍 잠자리에 들었어.
>
> ② 'so ~ that ...'을 하나의 덩어리로 묶어서 외워두시기 바랍니다.

짬짬이 반복해서 써보기 (한 번씩 쓸 때마다 박스에 체크 표시!)

☐ ①

☐ ②

☐ ③

☐ ④

자기 전 응용해서 써보기

※ 'so 형용사 that 문장'을 활용해 아래를 영작해 봅시다.

① 난 너무 충격을 받아 아무 말도 할 수 없었어. [shocked = 충격 받은]

  →

② 영화가 너무 지루해서 난 잠이 들었어. [boring = 지루한]

  →

> ① I was so shocked that I couldn't say anything.
>
> ② The film was so boring that I fell asleep.

DAY 082 ___월 ___일

I haven't seen him for so long.

나 너무 오랫동안 그 사람을 못 봤어.

① for so long = 너무(아주) 오랫동안

haven't seen A for so long = 너무 오랫동안 A를 못 봤다

② 'for so long'은 일상생활에서 '너무(아주) 오랫동안' 무엇을 해왔거나 못 했다고 할 때에 쓸 수 있는 유용한 표현입니다.

짬짬이 반복해서 써보기 (한 번씩 쓸 때마다 박스에 체크 표시!)

☐ ①

☐ ②

☐ ③

☐ ④

자기 전 응용해서 써보기

※ 'for so long'을 활용해 아래를 영작해 봅시다.

① 우린 아주 오랫동안 서로 알고 지냈어. [know each other = 서로 알다]

 →

② 전 너무 오랫동안 이 순간을 기다려 왔어요. [this moment = 이 순간]

 →

① We've known each other for so long.

② I've been waiting for this moment for so long.

DAY 083 ___월 ___일

It is so cold that I can't even breathe well.

너무 추워서 나 숨쉬는 것조차 제대로 못하겠어.

① I can't breathe well. = 나 숨쉬는 걸 제대로 못하겠어.
  I can't even breathe well. = 나 숨쉬는 것조차 제대로 못하겠어.
② 'even'을 동사 앞에 붙여서 쓰면 '~조차, 심지어'라는 뜻이 되어 뒤에 나온 동사의 행위를 더욱 강조하여 말할 수 있게 됩니다.

짬짬이 반복해서 써보기 (한 번씩 쓸 때마다 박스에 체크 표시!)

☐ ①
☐ ②
☐ ③
☐ ④

자기 전 응용해서 써보기

※ 'even'을 활용해 아래를 영작해 봅시다.

① 나 걔 이름을 기억조차 못하겠어. [remember = 기억하다]
  →

② 걘 심지어 내가 존재한다는 사실을 알지도 못해. [exist = 존재하다]
  →

---
① I can't even remember his(her) name.
② He(She) doesn't even know that I exist.

DAY 084 ___월 ___일

I think this file is too big to be uploaded.

내 생각에 이 파일 올리기엔 너무 커.

① This file is big. = 이 파일은 커.

This file is too big. = 이 파일은 너무 커.

This file is too big to V. = 이 파일은 ~하기엔 너무 커.

② 'too 형용사 to V'는 '~하기엔 너무 ~한'이라는 뜻의 표현입니다.

짬짬이 반복해서 써보기 (한 번씩 쓸 때마다 박스에 체크 표시!)

☐ ①

☐ ②

☐ ③

☐ ④

자기 전 응용해서 써보기

※ 'too 형용사 to V'을 활용해 아래를 영작해 봅시다.

① 그 질문은 대답하기가 너무 어려웠어. [answer = 대답하다]

→

② 그 소식은 사실이라 하기엔 너무 좋아. [true = 사실]

→

① The question was too difficult to answer.

② The news is too good to be true.

DAY 085 ___월 ___일

This house is not big enough for us.

이 집은 우리에겐 충분히 크지 않아.

① This house is not big. = 이 집은 크지 않아.
   This house is not big enough. = 이 집은 충분히 크지 않아.
② '형용사/부사 + enough'는 '충분히 ~한, 충분히 ~하게'라는 뜻의 표현입니다. 이 때 형용사와 부사는 enough 앞에 옵니다.

짬짬이 반복해서 써보기 (한 번씩 쓸 때마다 박스에 체크 표시!)

☐ ①

☐ ②

☐ ③

☐ ④

자기 전 응용해서 써보기

※ '형용사/부사 + enough'를 활용해 아래를 영작해 봅시다.

① 걘 일을 충분히 열심히 하지 않아. [work hard = 열심히 일하다]

   →

② 그 사람은 날 돕기엔 경험이 충분치 않아. [experienced = 경험 있는]

   →

① He(She) doesn't work hard enough.
② He(She) is not experienced enough to help me.

DAY 086 ___월 ___일

I don't have enough money to buy it.

나 이걸 살 돈이 충분하지 않아.

① I don't have money. = 난 돈이 없어.

　I don't have enough money. = 난 충분한 돈이 없어.

② 'enough + 명사'는 '충분한 (양의) ~'라는 뜻의 표현입니다. '충분한 돈이 없다'는 결국 '돈이 충분하지 않다'로 풀이될 수 있습니다.

짬짬이 반복해서 써보기 (한 번씩 쓸 때마다 박스에 체크 표시!)

☐ ①

☐ ②

☐ ③

☐ ④

자기 전 응용해서 써보기

※ 'enough + 명사'를 활용해 아래를 영작해 봅시다.

① 나 준비할 시간이 충분치 않았어. [prepare = 준비하다]

→

② 방에 공간이 충분치가 않아요. [space = 공간]

→

① I didn't have enough time to prepare.

② There is not enough space in the room.

DAY 087 ___월 ___일

This is quite a serious problem.

이건 꽤 심각한 문제예요.

① This is a serious problem. = 이건 심각한 문제예요.

This is quite a serious problem. = 이건 꽤 심각한 문제예요.

② 'quite'은 위와 같이 '(a/an)+형용사+명사'로 된 표현 앞에 붙어 '꽤, 상당히'라고 해석되어 이들의 뜻을 더욱 강조해 주게 됩니다.

짬짬이 반복해서 써보기 (한 번씩 쓸 때마다 박스에 체크 표시!)

☐ ①

☐ ②

☐ ③

☐ ④

자기 전 응용해서 써보기

※ 'quite+(a/an)+형용사+명사'를 활용해 아래를 영작해 봅시다.

① 제 생각에 이건 꽤 좋은 생각이에요. [good idea = 좋은 생각]

 →

② 이건 대답하기에 상당히 어려운 질문이야. [difficult = 어려운]

 →

---

① I think it is quite a good idea.

② This is quite a difficult question to answer.

DAY 088 ___월 ___일

I don't quite understand what you mean.
난 네가 뭘 의미하는 건지 온전히 이해가 되지 않아.

① I don't understand. = 난 이해가 되지 않아.
  I don't quite understand. = 난 온전히 이해가 되지 않아.
② 'quite'은 위와 같이 '동사' 앞에 붙어서 '온전히, 완전히, 전적으로'라고 해석되어 뒤에 나온 동사의 행위를 더욱 강조하게 됩니다.

짬짬이 반복해서 써보기 (한 번씩 쓸 때마다 박스에 체크 표시!)

☐ ①
☐ ②
☐ ③
☐ ④

자기 전 응용해서 써보기

※ 'quite+동사'를 활용해 아래를 영작해 봅시다.

① 나 네가 무슨 말 하고 있는 건지 온전히 모르겠어. [know = 알다]
  →

② 나 네게 완전히 동의하진 않아. [agree with ~ = ~에 동의하다]
  →

① I don't quite know what you are saying.
② I don't quite agree with you.

DAY 089 ___월 ___일

I had such a good time last night.

전 어제 정말이지 너무 좋은 시간을 보냈어요.

① a good time = 좋은 시간

  such a good time = 정말이지 너무 좋은 시간

② 'such'는 위와 같이 '(a/an)+형용사+명사'로 된 표현 앞에 붙어 '정말이지 너무' 라고 해석되어 이들의 뜻을 더욱 강조해 주게 됩니다.

짬짬이 반복해서 써보기 (한 번씩 쓸 때마다 박스에 체크 표시!)

☐ ①

☐ ②

☐ ③

☐ ④

자기 전 응용해서 써보기

※ 'such+(a/an)+형용사+명사'를 활용해 아래를 영작해 봅시다.

① 걔 정말이지 너무나 좋은 성격을 갖고 있어. [personality = 성격]

  →

② 정말이지 너무나 아름다운 날이야. [beautiful = 아름다운]

  →

---

① He(She) has such a nice personality.

② It is such a beautiful day.

DAY 090 ___월 ___일

There is no such thing as ghosts.

귀신 같은 그런 건 존재하지 않아.

① There is no A. = A는 없어.

There is no such thing as A. = A 같은 그런 건 없어.

② 'such thing as 명사'라고 하면 '~ 같은 그런 것'이라고 해석되어 뭔가가 없다고 말할 때 그 없음을 더욱 강조할 수 있습니다.

짬짬이 반복해서 써보기 (한 번씩 쓸 때마다 박스에 체크 표시!)

☐ ①

☐ ②

☐ ③

☐ ④

자기 전 응용해서 써보기

※ 'such thing as 명사'를 활용해 아래를 영작해 봅시다.

① 외계인 같은 그런 건 존재하지 않아. [alien = 외계인]

→

② 완전 범죄 같은 그런 건 존재하지 않아. [perfect crime = 완전 범죄]

→

---

① There is no such thing as aliens.

② There is no such thing as a perfect crime.

WRITING TEST ___월 ___일

> 앞서 배운 문장들을 스스로 잘 영작할 수 있는지 영작 테스트를 통해 확인해 보도록 하세요. 영작을 끝내고 난 후엔 몇 개나 맞췄는지 박스(□)에 체크 표시를 해보세요.
>
> (정답 160쪽)

☐ 01. 난 너무 피곤해서 일찍 잠자리에 들었어.
→

☐ 02. 영화가 너무 지루해서 난 잠이 들었어.
→

☐ 03. 나 너무 오랫동안 그 사람을 못 봤어.
→

☐ 04. 전 너무 오랫동안 이 순간을 기다려 왔어요.
→

☐ 05. 너무 추워서 나 숨쉬는 것조차 제대로 못하겠어.
→

☐ 06. 걘 심지어 내가 존재한다는 사실을 알지도 못해.
→

☐ 07. 내 생각에 이 파일 올리기엔 너무 커.
→

☐ 08. 그 질문은 대답하기가 너무 어려웠어.
→

☐ 09. 이 집은 우리에게 충분히 크지 않아.
→

- [ ] 10. 그 사람은 날 돕기엔 경험이 충분치 않아.
  →

- [ ] 11. 나 이걸 살 돈이 충분하지 않아.
  →

- [ ] 12. 나 준비할 시간이 충분치 않았어.
  →

- [ ] 13. 이건 꽤 심각한 문제예요.
  →

- [ ] 14. 제 생각에 이건 꽤 좋은 생각이에요.
  →

- [ ] 15. 난 네가 뭘 의미하는 건지 온전히 이해가 안 돼.
  →

- [ ] 16. 나 네게 완전히 동의하진 않아.
  →

- [ ] 17. 전 어제 정말이지 너무 좋은 시간을 보냈어요.
  →

- [ ] 18. 걘 정말이지 너무나 좋은 성격을 갖고 있어.
  →

- [ ] 19. 귀신 같은 그런 건 존재하지 않아.
  →

- [ ] 20. 완전 범죄 같은 그런 건 존재하지 않아.
  →

정답 확인 　　　　　　　　　　　나의 점수 : ___ / 20

01. I was so tired that I went to bed early.
02. The movie was so boring that I fell asleep.
03. I haven't seen him(her) for so long.
04. I've been waiting for this moment for so long.
05. It is so cold that I can't even breathe well.
06. He(She) doesn't even know that I exist.
07. I think this file is too big to be uploaded.
08. The question was too difficult to answer.
09. This house is not big enough for us.
10. He(She) is not experienced enough to help me.
11. I don't have enough money to buy it.
12. I didn't have enough time to prepare.
13. This is quite a serious problem.
14. I think it is quite a good idea.
15. I don't quite understand what you mean.
16. I don't quite agree with you.
17. I had such a good time last night.
18. He(She) has such a nice personality.
19. There is no such thing as ghosts.
20. There is no such thing as a perfect crime.

CHAPTER 10

정중하게 말해보기

DAY 091	I'm sorry to bother you this late at night.
DAY 092	I'm afraid I can't accept your invitation.
DAY 093	I'd like a room overlooking the river.
DAY 094	I'd like to speak to the person in charge.
DAY 095	Would you like a single or a double room?
DAY 096	Would you like to leave a message?
DAY 097	How would you like your eggs?
DAY 098	How would you like to pay for it?
DAY 099	Would you mind if I open the window?
DAY 100	Would you mind helping me with this?

DAY 091 ___월 ___일

I'm sorry to bother you this late at night.

이렇게 밤늦게 성가시게 하여 죄송합니다.

① I'm sorry to V. = ~하여 죄송합니다(유감입니다).

   I'm sorry to bother you. = 당신을 성가시게 하여 죄송합니다.

   this late at night = 이렇게 밤늦게

② 미안하거나 안타까운 마음을 정중히 드러낼 때 쓰는 표현입니다.

짬짬이 반복해서 써보기 (한 번씩 쓸 때마다 박스에 체크 표시!)

☐ ①

☐ ②

☐ ③

☐ ④

자기 전 응용해서 써보기

※ 'I'm sorry to V.'를 활용해 아래를 영작해 봅시다.

① 주말에 전화를 드리게 되어 죄송합니다. [on the weekend = 주말에]

   →

② 모친께서 편찮으시다는 소식을 듣게 되어 유감입니다. [ill = 아픈]

   →

---

① I'm sorry to call you on the weekend.

② I'm sorry to hear that your mother is ill.

DAY 092 ___월 ___일

I'm afraid I can't accept your invitation.

죄송하지만 귀하의 초대를 수락할 수가 없습니다.

① I'm afraid I can't V. = 죄송하지만 ~할 수 없습니다.

　I'm afraid I can't accept. = 죄송하지만 수락할 수 없습니다.

　your invitation = 당신(귀하)의 초대

② 거절이나 반대의 뜻을 정중히 나타낼 때 쓸 수 있는 표현입니다.

짬짬이 반복해서 써보기 (한 번씩 쓸 때마다 박스에 체크 표시!)

☐ ①

☐ ②

☐ ③

☐ ④

자기 전 응용해서 써보기

※ 'I'm afraid I can't V.'를 활용해 아래를 영작해 봅시다.

① 죄송하지만 당신께 동의할 수 없습니다. [agree with ~ = ~에 동의하다]

　→

② 죄송하지만 귀하의 예약을 찾을 수가 없습니다. [reservation = 예약]

　→

---

① I'm afraid I can't agree with you.

② I'm afraid I can't find your reservation.

DAY 093 ___월 ___일

I'd like a room overlooking the river.

강이 보이는 방으로 부탁합니다.

① I'd like 명사. = ~으로 부탁합니다.
　I'd like a room overlooking ~. = ~가 보이는 방으로 부탁합니다.
② 'I'd like 명사.'는 주로 식당에서 주문을 하거나 호텔에서 객실 및 서비스를 문의하고 요청할 때 쓸 수 있는 정중한 표현입니다.

짬짬이 반복해서 써보기　(한 번씩 쓸 때마다 박스에 체크 표시!)

☐ ①

☐ ②

☐ ③

☐ ④

자기 전 응용해서 써보기

※ 'I'd like 명사.'를 활용해 아래를 영작해 봅시다.

① 하우스 와인 한 잔 부탁드립니다. [a glass of ~ = ~ 한 잔]
→

② 내일 오전 7시에 모닝콜 부탁드립니다. [wake-up call = 모닝콜]
→

① I'd like a glass of house wine.

② I'd like a wake-up call at 7 a.m. tomorrow.

DAY 094 ___월 ___일

I'd like to speak to the person in charge.

담당자 분과 이야기했으면 합니다.

① I'd like to V. = ~했으면 합니다.

   I'd like to speak to A. = A와 이야기했으면 합니다.

② 'I'd like to V.'는 자신이 하고자 하는 것을 'I want to V.(나 ~하고 싶어.)'보다 더 정중하고 격식 있게 드러낼 수 있는 표현입니다.

짬짬이 반복해서 써보기 (한 번씩 쓸 때마다 박스에 체크 표시!)

☐ ①

☐ ②

☐ ③

☐ ④

자기 전 응용해서 써보기

※ 'I'd like to V.'를 활용해 아래를 영작해 봅시다.

① 제 비행 시간을 변경했으면 합니다. [flight time = 비행 시간]

   →

② 세 사람을 위한 자리를 예약했으면 합니다. [reserve = 예약하다]

   →

---

① I'd like to change my flight time.

② I'd like to reserve a table for three.

DAY 095 ___월 ___일

Would you like a single or a double room?

싱글룸, 아니면 더블룸으로 하시겠습니까?

① Would you like 명사? = ~으로 하시겠습니까?

　 Would you like A or B? = A, 아니면 B로 하시겠습니까?

② 'Would you like 명사?'는 손님이나 상사, 그 외 격식을 차리고자 하는 대상에게 무엇을 원하는지 정중하게 묻는 표현입니다.

짬짬이 반복해서 써보기　(한 번씩 쓸 때마다 박스에 체크 표시!)

☐ ①

☐ ②

☐ ③

☐ ④

자기 전 응용해서 써보기

※ 'Would you like 명사?'를 활용해 아래를 영작해 봅시다.

① 창가, 아니면 통로 쪽 좌석으로 하시겠습니까? [aisle = 통로, 복도]

　→

② 커피 한 잔 하시겠습니까? [a cup of ~ = ~ 한 잔]

　→

---

① Would you like a window or an aisle seat?

② Would you like a cup of coffee?

DAY 096 ___월 ___일

Would you like to leave a message?

메시지를 남기시겠습니까?

① Would you like to V? = ~하시겠습니까?

　Would you like to leave A? = A를 남기시겠습니까?

② 'Would you like to V?'는 상대방에게 무엇을 하고자 하는지 정중하게 격식을 차려 물을 때 쓸 수 있는 표현입니다.

짬짬이 반복해서 써보기 (한 번씩 쓸 때마다 박스에 체크 표시!)

☐ ①

☐ ②

☐ ③

☐ ④

자기 전 응용해서 써보기

※ 'Would you like to V?'를 활용해 아래를 영작해 봅시다.

① 한 번 둘러보시겠습니까? [take a look = (한 번) 둘러보다]

　→

② 커피 한 잔 드시겠어요? [have a cup of ~ = ~ 한 잔 마시다]

　→

---

① Would you like to take a look?

② Would you like to have a cup of coffee?

DAY 097 ___월 ___일

How would you like your eggs?

계란을 어떻게 해 드릴까요?

① How would you like 명사? = ~을 어떻게 해 드릴까요?

　How would you like your eggs? = 계란을 어떻게 해 드릴까요?

② 'How would you like 명사?'는 손님에게 음식이나 기타 서비스를 어떻게 해 줬으면 하는지 정중하게 물을 때 쓰는 표현입니다.

짬짬이 반복해서 써보기　(한 번씩 쓸 때마다 박스에 체크 표시!)

☐ ①

☐ ②

☐ ③

☐ ④

자기 전 응용해서 써보기

※ 'How would you like 명사?'를 활용해 아래를 영작해 봅시다.

① 스테이크를 어떻게 해 드릴까요? [steak = 스테이크]

→

② 헤어 스타일을 어떻게 해 드릴까요? [hair style = 헤어 스타일]

→

---

① How would you like your steak?

② How would you like your hair style?

DAY 098 ___월 ___일

How would you like to pay for it?

이건 어떻게 결제하시겠어요?

① How would you like to V? = 어떻게 ~하시겠어요?

How would you like to pay? = 어떻게 결제하시겠어요?

② 'How would you like to V?'는 상대방에게 '어떤 방식'으로 무엇을 하길 원하는지 정중하게 물을 때 쓸 수 있는 표현입니다.

짬짬이 반복해서 써보기 (한 번씩 쓸 때마다 박스에 체크 표시!)

☐ ①

☐ ②

☐ ③

☐ ④

자기 전 응용해서 써보기

※ 'How would you like to V?'를 활용해 아래를 영작해 봅시다.

① 표를 어떻게 결제하시겠어요? [ticket = 표]

→

② 이 편지를 어떻게 발송하시겠습니까? [send = 보내다, 발송하다]

→

---

① How would you like to pay for your ticket?

② How would you like to send this letter?

DAY 099 ___월 ___일

Would you mind if I open the window?

제가 창문 좀 열어도 괜찮을까요?

① Would you mind if 문장? = ~여도 괜찮을까요?

　Would you mind if I open A? = 제가 A 좀 열어도 괜찮을까요?

② 'mind'는 '언짢아하다'라는 뜻이기 때문에 'Would you mind'라고 하면 '언짢으실까요 = 괜찮으시겠어요'라고 풀이될 수 있습니다.

짬짬이 반복해서 써보기 (한 번씩 쓸 때마다 박스에 체크 표시!)

☐ ①

☐ ②

☐ ③

☐ ④

자기 전 응용해서 써보기

※ 'Would you mind if 문장?'을 활용해 아래를 영작해 봅시다.

① 제가 담배 좀 피워도 괜찮을까요? [smoke = 담배를 피우다]

　→

② 제가 몇 가지 질문 좀 여쭤봐도 괜찮을까요? [a few = 몇 가지]

　→

---

① Would you mind if I smoke?

② Would you mind if I ask you a few questions?

DAY 100 ___월 ___일

Would you mind helping me with this?

제가 이걸 하는 걸 도와주시면 안 될까요?

① Would you mind V-ing? = ~해 주시면 안 될까요?

　Would you mind helping me? = 저를 도와주시면 안 될까요?

② 'Would you mind V-ing?'는 '~하는 게 언짢으실까요?'란 뜻인데, 이는 곧 한국말로 '~해 주시면 안 될까요?'라고 풀이될 수 있습니다.

짬짬이 반복해서 써보기 (한 번씩 쓸 때마다 박스에 체크 표시!)

☐ ①

☐ ②

☐ ③

☐ ④

자기 전 응용해서 써보기

※ 'Would you mind V-ing?'를 활용해 아래를 영작해 봅시다.

① 저희 사진 한 장 찍어주시면 안 될까요? [picture of ~ = ~의 사진]

　→

② 잠깐만 기다려주시면 안 될까요? [for a while = 잠시만, 잠깐만]

　→

① Would you mind taking a picture of us?

② Would you mind waiting for a while?

171

WRITING TEST ___월 ___일

> 앞서 배운 문장들을 스스로 잘 영작할 수 있는지 영작 테스트를 통해 확인해 보도록 하세요. 영작을 끝내고 난 후엔 몇 개나 맞췄는지 박스(□)에 체크 표시를 해보세요.
>
> (정답 174쪽)

□ 01. 이렇게 밤늦게 성가시게 하여 죄송합니다.
→

□ 02. 모친께서 편찮으시다는 소식을 듣게 되어 유감입니다.
→

□ 03. 죄송하지만 귀하의 초대를 수락할 수가 없습니다.
→

□ 04. 죄송하지만 귀하의 예약을 찾을 수가 없습니다.
→

□ 05. 강이 보이는 방으로 부탁합니다.
→

□ 06. 내일 오전 7시에 모닝콜 부탁드립니다.
→

□ 07. 담당자 분과 이야기했으면 합니다.
→

□ 08. 세 사람을 위한 자리를 예약했으면 합니다.
→

□ 09. 싱글룸, 아니면 더블룸으로 하시겠습니까?
→

☐ 10. 커피 한 잔 하시겠습니까?
→

☐ 11. 메시지를 남기시겠습니까?
→

☐ 12. 한 번 둘러보시겠습니까?
→

☐ 13. 계란을 어떻게 해 드릴까요?
→

☐ 14. 헤어 스타일을 어떻게 해 드릴까요?
→

☐ 15. 이건 어떻게 결제하시겠어요?
→

☐ 16. 이 편지를 어떻게 발송하시겠습니까?
→

☐ 17. 제가 창문 좀 열어도 괜찮을까요?
→

☐ 18. 제가 몇 가지 질문 좀 여쭤봐도 괜찮을까요?
→

☐ 19. 제가 이걸 하는 걸 도와주시면 안 될까요?
→

☐ 20. 저희 사진 한 장 찍어주시면 안 될까요?
→

| 정답 확인 | | 나의 점수: ___ / 20 |

01. I'm sorry to bother you this late at night.
02. I'm sorry to hear that your mother is ill.
03. I'm afraid I can't accept your invitation.
04. I'm afraid I can't find your reservation.
05. I'd like a room overlooking the river.
06. I'd like a wake-up call at 7 a.m. tomorrow.
07. I'd like to speak to the person in charge.
08. I'd like to reserve a table for three.
09. Would you like a single or a double room?
10. Would you like a cup of coffee?
11. Would you like to leave a message?
12. Would you like to take a look?
13. How would you like your eggs?
14. How would you like your steak?
15. How would you like to pay for it?
16. How would you like to send this letter?
17. Would you mind if I open the window?
18. Would you mind if I ask you a few questions?
19. Would you mind helping me with this?
20. Would you mind taking a picture of us?

100 Sentences

앞서 배웠던 100가지 영어 문장 형식을
사전처럼 한데 모아 정리해 봅시다.

① [001 ~ 010] when ~ = ~일 때
② [011 ~ 020] in case ~ = ~인 경우
③ [021 ~ 030] as ~ = ~와 동시에, ~해서, ~하다시피
④ [031 ~ 040] A + that ~ = ~한 A
⑤ [041 ~ 050] A + V-ing = ~하고 있는 A
⑥ [051 ~ 060] because ~ = ~이기 때문에
⑦ [061 ~ 070] Do you know ~? = ~인 거 아니?
⑧ [071 ~ 080] more ~ = 더 ~한
⑨ [081 ~ 090] so ~ = 너무 ~한
⑩ [091 ~ 100] Would you ~? = ~하시겠습니까?

① when ~

~일 때

'when, by, until, during, while, at the end of' 등을 활용하여 '언제' 무엇을 했거나 해야 하는지를 구체적으로 말할 수 있습니다.

---

001. **when + 과거 문장** = ~이었을 때

　　I first met him <u>when</u> I was in high school.

　　= 난 고등학교를 다닐 <u>때</u> 걔를 처음 만났어.

002. **when + have p.p.** = ~하고 나서

　　I'll call you <u>when</u> I've finished my work.

　　= 내가 일 <u>끝내고 나서</u> 너한테 전화할게.

003. **by + 특정 때** = ~까지 (딱 맞춰서)

　　I have to finish my report <u>by</u> tomorrow.

　　= 나 내일<u>까지</u> 리포트를 끝내야만 해.

004. **by the time + 문장** = ~ 무렵(즈음)

　　<u>By the time</u> we arrived, the train had already left.

　　= 우리가 도착했을 <u>무렵</u>, 기차는 이미 떠나고 없었어.

005. until + 명사 = ~까지 (쭉)

I'll be working until 10. = 난 10시까지 일하고 있을 거야.

006. until + 문장 = ~때까지 (쭉)

I walked in the park until it got dark.

= 난 어두워질 때까지 공원에서 걸었어.

007. during + 명사 = ~ 동안

What are you going to do during the weekend?

= 너 주말 동안 뭐할 거야?

008. while + 문장 = ~ 동안

You had a call from Jim while you were out.

= 너 나가 있는 동안 Jim에게서 전화 왔었어.

009. just in time = 딱 맞춰서

We arrived just in time for the wedding ceremony.

= 우린 결혼식에 딱 맞춰서 도착했어.

010. at the end of + 명사 = ~ 말에(마지막에)

I'm leaving at the end of this month.

= 나 이번 달 말에 떠나.

② in case ~

~인 경우

'in case, even if, although, in spite of, despite, only if, unless, as long as, provided'로 다양한 상황과 경우를 덧붙일 수 있습니다.

---

011. **in case + 문장** = ~할 경우에 대비해, ~할지도 모르니

You'd better take the keys <u>in case</u> I'm out.

= 내가 나갈<u>지도 모르니</u> 너 열쇠 가져가는 게 좋을 걸.

012. **in case of + 명사** = ~의 경우, ~일 시

<u>In case of</u> rain, the concert will be cancelled.

= 우천<u>의 경우</u>, 콘서트는 취소될 것입니다.

013. **even if + 문장** = ~일지라도

You must to it <u>even if</u> you don't like it.

= 네가 이걸 안 좋아할<u>지라도</u> 넌 이걸 해야 해.

014. **although + 문장** = ~임에도 불구하고, ~인데도

I couldn't sleep <u>although</u> I was really tired.

= 나 너무 피곤했<u>는데도</u> 잠을 잘 수 없었어.

015. in spite of + 명사 = ~에도 불구하고

We fell in love in spite of the language barrier.

= 우린 언어 장벽에도 불구하고, 사랑에 빠졌어.

016. despite + 명사 = ~에도 불구하고

Despite all these efforts, we failed to win the prize.

= 이 모든 노력에도 불구하고, 우린 상을 못 탔어.

017. only if + 문장 = ~일 경우에만, ~일 경우에 한해

I'll go only if you go too. = 너도 갈 경우에만 난 갈 거야.

018. unless + 문장 = ~이지 않다면, ~인 게 아니라면

You will miss the bus unless you leave right now.

= 너 지금 당장 떠나지 않는다면 버스 놓칠 거야.

019. as long as + 문장 = ~이기만 하면, ~인 한

There will be no problem as long as it's legal.

= 이것이 합법인 한 어떤 문제도 없을 것입니다.

020. provided (that) + 문장 = ~라면, ~인 조건이라면

I'll buy it provided you give me a discount.

= 제게 할인해 주신다면 이걸 살게요.

❸ as ~

~와 동시에, ~해서, ~하다시피

'as'는 '~하고 있을 때, ~이기 때문에, ~로서, ~하다시피, ~인 바로는, ~인 것처럼' 등 아주 다양한 것을 말할 수 있는 표현입니다.

---

021. as + 문장 = ~일 때, ~하고 있는데

As I was walking along the street, I saw Chris.

= 나 길을 따라 걷고 있는데, Chris를 봤어.

---

022. just as + 문장 = ~인 바로 그 때

Just as we were talking about him, he came.

= 우리가 걔 얘길 하고 있던 바로 그 때, 걔가 왔어.

---

023. as + 문장 = ~해서, ~이기 때문에

As we live near each other, we meet very often.

= 우린 서로 가까이 살아서, 정말 자주 만나.

---

024. as + 명사 = ~로서

I've been working as a manager for two years.

= 전 매니저로서 2년 동안 일해오고 있습니다.

025. as + 문장 = ~하다시피

As you know, I'm not very good at sports.

= 너도 알다시피, 난 스포츠에 그리 능하지 못해.

026. as usual, as always = 늘 그렇듯이, 항상 그렇듯이

You look the same as always. = 넌 항상 그렇듯 똑같아 보여.

027. as soon as + 문장 = ~하자마자, ~하는 대로

I'll let you know as soon as I make a decision.

= 내가 결정하는 대로 네게 알려줄게.

028. as far as + 문장 = ~인 바로는, ~인 한

As far as I know, he is a really good person.

= 내가 아는 한, 걔는 정말 좋은 사람이야.

029. feel as if + 문장 = ~인 것처럼 느끼다

I feel as if I've known him for a long time.

= 난 걔를 오랫동안 알아온 것처럼 느껴져.

030. look as if + 문장 = ~인 것처럼 보이다

You look as if you haven't slept all night.

= 너 밤새 잠을 못 잔 것처럼 보여.

❹ A + that ~

~한 A

'사람 who/that ~, 사물 which/that ~, 장소 where/that ~'과 같이 말하면 다양한 대상에 대한 추가적인 정보를 언급할 수 있습니다.

---

031. 사람 + who ~ = ~하는 사람

Do you know the man who lives next door?
= 너 옆집에 사는 남자 알아?

032. 사람 + who A ~ = A가 ~하는 사람

Chris is a good person who you can rely on.
= Chris는 네가 의지할 수 있는 좋은 사람이야.

033. 사람 + whose A ~ = (그 사람의) A가 ~하는 사람

I have a friend whose mother is a teacher.
= 나 어머니가 선생님인 친구 한 명이 있어.

034. 사물 + which ~ = ~한 사물

The book which I bought yesterday is very boring.
= 내가 어제 샀던 책 정말 지루해.

035. 사람 + that ~ = ~한 사람

The woman that I met last night was Rachel.

= 내가 어젯밤에 만났던 여자는 Rachel이야.

036. 사물 + that ~ = ~한 사물

The dress that I bought yesterday doesn't fit me.

= 내가 어제 샀던 원피스가 나한테 안 맞아.

037. what + A ~ = A가 ~하는 것

Do you know what I'm saying? = 내가 하는 말 알겠어?

038. 장소 + where ~ = ~한 장소

I know a good place where we can see many stars.

= 나 우리가 별을 많이 볼 수 있는 좋은 곳을 알고 있어.

039. 쉼표(,) + where, who, which ~ = 이미 아는 대상을 언급할 때

I met Jim, who I hadn't seen for a long time.

= 나 오랫동안 못 보고 지냈었던 Jim을 만났어.

040. the reason why ~ = ~한 이유

There are two reasons why I chose this topic.

= 내가 이 주제를 택한 두 가지 이유가 있어.

A + V-ing

~하고 있는 A

'V-ing'를 붙이기만 하면 '~하고 있는 사람, ~하고 있는 사물, ~하는 동안, ~하다가, ~하는 데에 어려움/문제' 등을 말할 수 있습니다.

---

041. 사람 + V-ing = ~하고 있는 사람

Who are those people waiting outside?

= 밖에서 기다리고 있는 저 사람들은 누구야?

---

042. 사물 + V-ing = ~하고 있는 사물

The road leading to the station is being paved.

= 역으로 이어져 있는 길이 포장되고 있어요.

---

043. while V-ing = ~하는 동안

He vanished while walking home from school.

= 걔 학교에서 집에 걸어오는 동안 없어졌대.

---

044. 문장 + V-ing. = ~하다가(하는 동안) ~하다.

I cut my finger opening a can of tuna.

= 나 참치 캔 열다가 손가락을 베었어.

045. V-ing, 문장. = ~해서, ~하다.

　　Feeling tired, I went home. = 피곤해서, 난 집에 갔어.

046. Having p.p., 문장. = ~하고 나서, ~하다.

　　Having had lunch, I went for a cup of coffee.

　　= 점심 먹고 나서, 나 커피 한 잔 하러 갔어.

047. see 사람 V-ing = ~가 ~하고 있는 걸 보다

　　I saw him walking along the street this morning.

　　= 나 오늘 아침에 걔가 길을 따라 걷고 있는 걸 봤어.

048. have never seen 사람 V = ~가 ~한 것을 본 적이 없다

　　I've never seen him act like this before.

　　= 난 전에 걔가 이렇게 행동하는 걸 본 적이 없어.

049. difficulty/trouble + V-ing = ~하는 데에 어려움/문제

　　I have trouble remembering people's names.

　　= 나 사람들 이름을 기억하는 데에 문제가 있어.

050. spend 시간 V-ing = ~하느라 시간을 보내다

　　I spent the whole night waiting for you.

　　= 나 너를 기다리느라 밤을 다 보냈어(밤을 샜어).

❻ because ~

~이기 때문에

'because (of), since, due to, so, so that, but, to V' 등을 통해, '원인, 결과, 목적'을 나타내는 다양한 말들을 할 수 있습니다.

---

051. because + 문장 = ~이기 때문에, ~라서, ~니까

I don't trust you because you lied to me.

= 네가 나한테 거짓말했었기 때문에 난 널 안 믿어.

052. since + 문장 = ~이기 때문에, ~라서, ~니까

I need to sleep early since I slept late last night.

= 나 어젯밤에 늦게 자서 일찍 자야 해.

053. because of + 명사 = ~ 때문에, ~로 인해

They divorced because of personality difference.

= 그들은 성격 차이 때문에 이혼했어요.

054. due to + 명사 = ~ 때문에, ~로 인해

The flight has been delayed due to heavy fog.

= 짙은 안개 때문에 비행기가 지연됐어요.

055. **so + 문장** = 그래서 ~하다

I have to work late, so I can't see you tonight.

= 나 늦게까지 일해야 해서 오늘밤에 너 못 봐.

056. **so that + 문장** = ~하기 위해, ~하려면, ~하도록

Leave early so that you won't miss the train.

= 너 기차 놓치지 않으려면 일찍 떠나.

057. **but + 문장** = 하지만 ~하다

I'm sorry, but I can't. = 미안하지만, 난 할 수 없어.

058. **have no choice but to V** = ~할 수밖에 없다

I had no choice but to accept his proposal.

= 난 그 사람의 제안을 받아들일 수밖에 없었어.

059. **to V** = ~하기 위해, ~하려고

We have to leave now to get there on time.

= 거기 정각에 도착하려면 우리 지금 출발해야 해.

060. **time to V** = ~할 시간

I need a little more time to think about it.

= 나 이것에 대해 생각할 시간이 좀 더 필요해.

❼ Do you know ~?

~인 거 아니?

'Do you know, Can you tell me, I wonder'로 간접 질문을 던지거나 '사람 said/told me that ~.'으로 남이 한 말을 전달할 수 있습니다.

---

061. **Do you know ~?** = ~인지 아시나요?

　　<u>Do you know</u> where the bus stop is?

　　= 버스 정류장이 어디에 있<u>는지 아시나요</u>?

062. **Do you know what time ~?** = 몇 시에 ~인지 아시나요?

　　<u>Do you know what time</u> the store opens?

　　= 가게가 <u>몇 시에</u> 문을 여<u>는지 아시나요</u>?

063. **Can you tell me ~?** = ~인지 말해 주실 수 있나요?

　　<u>Can you tell me</u> where Mr. Beak's office is?

　　= Beak 씨의 사무실이 어디<u>인지 말해 주실 수 있나요</u>?

064. **Do you have any idea ~?** = ~인지 아시겠어요?

　　<u>Do you have any idea</u> how much it will cost?

　　= 이게 가격이 얼마<u>인지 아시겠어요</u>?

065. I wonder ~. = 나 ~가 궁금해.

I wonder why he didn't come. = 나 걔가 왜 안 왔나 궁금해.

066. I wonder if ~. = 나 ~일지 궁금해.

I wonder if I can get a refund on this.

= 전 제가 이걸 환불 받을 수 있을지 궁금합니다.

067. 사람 said that 문장. = ~가 ~라 그러더라고.

Jim said that he hadn't seen Chris recently.

= Jim이 자긴 최근에 Chris를 못 봤다 그러더라고.

068. 사람 told me that 문장. = ~가 나한테 ~라 그러더라고.

Jim told me that he had been to China twice.

= Jim이 나한테 자긴 중국에 두 번 가봤다 그러더라고.

069. 사람 asked me ~. = ~를 ~가 나한테 물어보더라고.

He asked me why I had come back.

= 내가 왜 돌아왔는지 걔가 나한테 물어보더라고.

070. 사람 asked me if 문장. = ~인지 ~가 나한테 물어보더라고.

He asked me if I could lend him my car.

= 내가 걔한테 차를 빌려줄 수 있을지 걔가 내게 묻더라고.

⑧ more ~

더 ~한

'형용사/부사-(i)er, more 형용사/부사, 형용사/부사-(i)est, most 형용사/부사'는 상태를 좀 더 강조해서 말할 때 씁니다.

---

071. 형용사/부사-(i)er = 더 ~한, 더 ~하게

It is <u>cheaper</u> to buy in bulk. = 대량 구매가 더 저렴해.

Why didn't you tell me <u>sooner</u>? = 너 나한테 왜 더 빨리 말 안 했어?

072. than I expected/thought = 내가 예상/생각했던 것보다

I arrived home earlier than I expected.

= 나 내가 예상했던 것보다 더 일찍 집에 도착했어.

073. better, worse = 더 잘(더 좋은), 더 나쁜

The situation is <u>worse</u> than I thought.

= 상황이 내가 생각했던 것보다 더 나빠.

074. older, elder + 사람 = 더 나이 많은, 더 나이 많은 ~(사람)

My <u>elder</u> sister is four years <u>older</u> than me.

= 내 누나는 나보다 4살 더 많아.

075. more + 형용사/부사 = 더 ~한, 더 ~하게

The situation is more serious than we think.

= 상황이 우리가 생각하는 것보다 더 심각해요.

076. more + 'ly'로 끝나는 부사 = 더 ~하게

Could you speak more slowly? = 더 천천히 말해 주실 수 있나요?

077. much + 강조 표현 = 훨씬 더 ~한, 훨씬 더 ~하게

I'm feeling much better than yesterday.

= 나 어제보다 기분이 훨씬 더 나아.

078. get more and more 형용사 = 점점 더 ~하게 되다

The story is getting more and more interesting.

= 이야기가 점점 더 흥미로워지고 있어.

079. 형용사/부사-(i)est = 가장 ~한, 가장 ~하게

What is the cheapest model that you have?

= 당신이 가진 가장 저렴한 모델이 뭔가요?

080. most 형용사/부사 = 가장 ~한, 가장 ~하게

This is the most popular model on the market.

= 이것이 시장에서 가장 인기 있는 모델입니다.

❾ so ~

너무 ~한

'so, even, too, enough, quite, such' 등과 같은 표현으로 '너무, 꽤, 상당히, 충분히'와 같이 강약을 드러내며 말할 수 있습니다.

---

081. so 형용사 that 문장 = 너무 ~해서 ~하다

I was so shocked that I couldn't say anything.

= 난 너무 충격을 받아 아무 말도 할 수 없었어.

---

082. for so long = 너무(아주) 오랫동안

I've been waiting for this moment for so long.

= 전 너무 오랫동안 이 순간을 기다려 왔어요.

---

083. even = ~조차, 심지어

It is so cold that I can't even breathe well.

= 너무 추워서 나 숨쉬는 것조차 제대로 못하겠어.

---

084. too 형용사 to V = ~하기엔 너무 ~한

I think this file is too big to be uploaded.

= 내 생각에 이 파일 올리기엔 너무 커.

085. enough + 형용사/부사 = 충분히 ~한, 충분히 ~하게

He is not experienced enough to help me.

= 그 사람은 날 돕기엔 경험이 충분치 않아.

086. 명사 + enough = 충분한 (양의) ~

I don't have enough money to buy a new car.

= 나 새 차를 살만한 충분한 돈이 없어.

087. quite + a/an + 형용사 + 명사 = 꽤 ~한 어떤 것

It is quite a good idea. = 이거 꽤 좋은 생각이야.

088. quite + 동사 = 온전히/완전히/전적으로 ~하다

I don't quite understand what you mean.

= 나 네가 뭘 의미하는 건지 온전히 이해가 되지 않아.

089. such + a/an + 형용사 + 명사 = 정말이지 너무 ~한 어떤 것

I had such a good time last night with Kate.

= 나 어제 Kate랑 정말이지 너무 좋은 시간을 보냈어.

090. such thing as ~ = ~ 같은 그런 것

There is no such thing as ghosts/aliens.

= 귀신/외계인 같은 그런 건 존재하지 않아.

⑩ Would you ~?

~하시겠습니까?

'I'm sorry, I'm afraid, Would you ~?, How would you ~?'와 같은 문형들로 좀 더 정중하게 의사를 표하고 질문할 수 있습니다.

---

091. I'm sorry to V. = ~하여 죄송합니다.

　　I'm sorry to bother you this late at night.

　　= 이렇게 밤늦게 성가시게 하여 죄송합니다.

092. I'm afraid I can't V. = 죄송하지만 ~할 수 없습니다.

　　I'm afraid I can't accept your invitation.

　　= 죄송하지만 귀하의 초대를 수락할 수가 없습니다.

093. I'd like 명사. = ~으로 부탁합니다.

　　I'd like a wake-up call at 7 a.m. tomorrow.

　　= 내일 오전 7시에 모닝콜 부탁드립니다.

094. I'd like to V. = ~했으면 합니다.

　　I'd like to speak to the person in charge.

　　= 담당자 분과 이야기했으면 합니다.

095. Would you like 명사? = ~으로 하시겠습니까?

Would you like a single or a double room?

= 싱글룸, 아니면 더블룸으로 하시겠습니까?

096. Would you like to V? = ~하시겠습니까?

Would you like to have a cup of coffee?

= 커피 한 잔 드시겠습니까?

097. How would you like 명사? = ~을 어떻게 해 드릴까요?

How would you like your eggs? = 계란을 어떻게 해 드릴까요?

098. How would you like to V? = 어떻게 ~하시겠어요?

How would you like to pay for your ticket?

= 표를 어떻게 결제하시겠어요?

099. Would you mind if 문장? = ~여도 괜찮을까요?

Would you mind if I ask you a few questions?

= 제가 몇 가지 질문 좀 여쭤봐도 괜찮을까요?

100. Would you mind V-ing? = ~해 주시면 안 될까요?

Would you mind taking a picture of us?

= 저희 사진 한 장 찍어주시면 안 될까요?

MEMO